山东费县方言语音研究

张伟静 ◎ 著

中国社会科学出版社

图书在版编目（CIP）数据

山东费县方言语音研究 / 张伟静著. —北京：中国社会科学出版社，2024.2
ISBN 978-7-5227-2761-5

Ⅰ．①山… Ⅱ．①张… Ⅲ．①北方方言–方言研究–费县 Ⅳ．①H172.1

中国国家版本馆 CIP 数据核字（2023）第 229110 号

出 版 人	赵剑英
责任编辑	宫京蕾
责任校对	韩天炜
责任印制	郝美娜

出　　版	中国社会科学出版社
社　　址	北京鼓楼西大街甲 158 号
邮　　编	100720
网　　址	http://www.csspw.cn
发 行 部	010-84083685
门 市 部	010-84029450
经　　销	新华书店及其他书店

印　　刷	北京君升印刷有限公司
装　　订	廊坊市广阳区广增装订厂
版　　次	2024 年 2 月第 1 版
印　　次	2024 年 2 月第 1 次印刷

开　　本	710×1000　1/16
印　　张	10
字　　数	201 千字
定　　价	68.00 元

凡购买中国社会科学出版社图书，如有质量问题请与本社营销中心联系调换
电话：010-84083683
版权所有　侵权必究

目 录

第一章 绪论 ·· 1
1.1 费县地理、历史、文化概述 ························ 1
1.2 研究现状、研究主旨和研究意义 ···················· 4
1.3 研究理论和方法、资料来源 ························ 9

第二章 声母研究 ······································ 14
2.1 声母系统概况 ···································· 14
2.2 ɣ 和 ɹ 声母的语音实验分析 ························ 18
2.3 古知系声母今读研究 ······························ 30
2.4 尖团音今读研究 ·································· 41
2.5 古日母今读研究 ·································· 46
2.6 古影疑母开口洪音字声母研究 ······················ 53

第三章 韵母研究 ······································ 58
3.1 韵母系统概述 ···································· 58
3.2 韵母的语音实验分析 ······························ 60
3.3 韵母系统的历时考察 ······························ 73
3.4 儿化与儿尾 ······································ 81

第四章 声调研究 ······································ 97
4.1 声调系统概述 ···································· 97
4.2 与中古声调系统的比较 ···························· 101
4.3 连读变调 ·· 108
4.4 轻声前变调与单字调值的关系及古调值 ·············· 116
4.5 重重型变调的成因考察 ···························· 119

第五章　对费县方言语音的几点思考 ……………………………… 126
　5.1　从地理看费县方言语音特点的形成 ………………………… 126
　5.2　内部差异与语音发展的不均衡性 …………………………… 131
　5.3　语音发展的外部影响与内在因素 …………………………… 132

附录　费县方言（费城镇）同音字表 …………………………… 135

参考文献 ……………………………………………………………… 150

致　谢 ………………………………………………………………… 154

第一章 绪论

1.1 费县地理、历史、文化概述

1.1.1 地理、乡镇区划与人口

费县位于山东省东南部,地处东经117°36′—118°18′,北纬35°01′—35°33′。东至临沂、沂南,西接平邑,北靠蒙阴,南连苍山,西南与滕县、枣庄市比邻。南北最大纵距为58.75公里,东西最大横距为64.25公里,总面积为1903.7平方公里。费县属低山丘陵区,全县地势是北高、中低、西南次高,由西北向东南部倾斜。全县最高处在北部蒙山的挂心崛子,海拔1026米;最低处在县东部汪沟镇与临沂交界的山水口,海拔75.3米。(以上据《费县简志》[①])

费县原辖有14个镇和4个乡,分别是:费城镇(今改为费城街道)、朱田镇、梁邱镇、新庄镇、刘庄镇、马庄镇、探沂镇、上冶镇、石井镇、胡阳镇、汪沟镇、新桥镇、薛庄镇、方城镇、南张庄乡、大田庄乡、芍药山乡、城北乡。2011年,新桥镇、方城镇、汪沟镇划归临沂兰山区。本书调查时这三镇尚属费县,且考虑到历史渊源关系,所以下文所说的费县方言均包括这三个镇。县政府驻费城镇(原费县县城)。

费县人口约94万人(划出新桥等三镇后为81万人),主要民族成分为汉族,少数民族比例很小,多为改革开放后因通婚或工作而迁入。

---

① 费县地方史志编纂委员办公室:《费县简志》,1987,第1—6页。

图 1.1 费县村庄布局

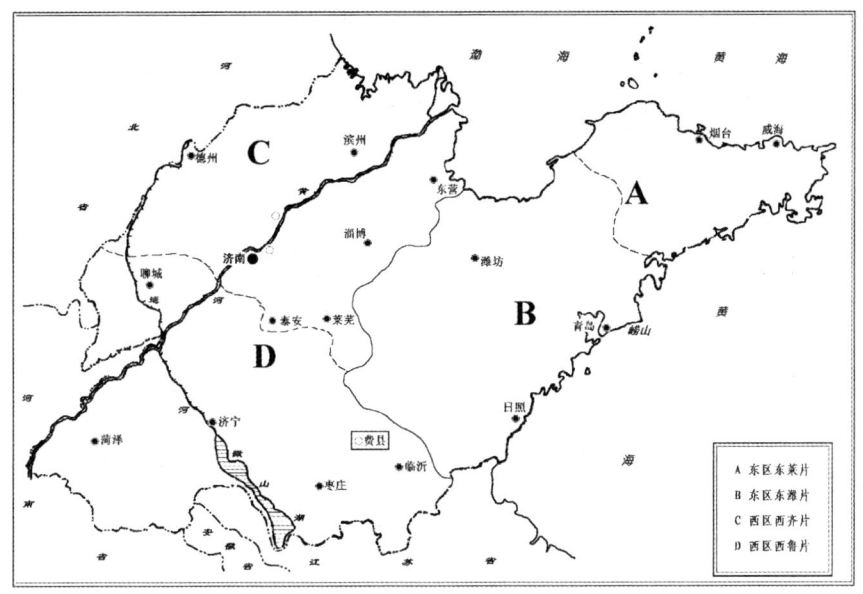

图 1.2　山东方言分区简图及费县在山东省的位置

1.1.2　历史沿革与文化

费县历史十分悠久。周初（公元前 11 世纪）鲁侯伯禽讨伐徐戎淮夷，在费地作《费誓》（见《尚书》），是"费"之地名首见于典册。至周宣王时为鲁国的附属国（伯国）。鲁僖公元年（公元前 659 年）僖公以费（费亦作"鄪"）地赐季友作为其私邑，因称费（鄪）邑。战国时期，季友后代季孙氏据以为费国，后被灭于齐。西汉高帝六年（公元前 201 年）立县。此后县名沿用至今。20 世纪 40 年代之前费县面积比现在要大许多，后来先后划出部分地区归新成立的平邑县、苍山县（2014 年改称兰陵县）。1949 年后先后归属沂蒙专区、台枣专区，1950 年起归属临沂专区（后称临沂地区）。1994 年 12 月临沂设立地级市改称临沂市，费县仍属之。[①]

据考古发现，费县县内的新桥镇西西蒋村保存了龙山文化（又称黑陶文化）遗址，近些年又陆续发现了大汶口墓葬和距今有两千多年的汉代墓葬群，新中国成立以来此地陆续出土了大量的古陶器、古铁器等文物。[②]

费县人杰地灵，历代名人辈出，历史上最著名的要数孔门七十二贤人之一的闵子骞和唐代著名书法家、政治家颜真卿（709—784）。

---

① 费县地方史志编纂委员会办公室：《费县简志》，1987 年版，第 1—6 页。
② 费县地方史志编纂委员会办公室：《费县简志》，1987 年版，第 1—6 页。

据史料考证，费县故城始建于鲁僖公元年（公元前 659 年），称季氏费邑，其遗址在浚河北岸，今县城西北古城、西毕城、宁国庄一带。而后随着朝代的更替，县城地址几经变更。北魏太和二十年（公元 496 年），移费县理于祊城北今治处。从隋朝起，历经唐、宋、元、明、清各朝及民国一直相沿至今，均为县治所在地。①

1.2 研究现状、研究主旨和研究意义

1.2.1 研究现状

费县方言属于山东方言，以往对费县方言的研究主要在山东方言研究中展开。下面先简单回顾下山东方言研究的历史和现状，然后再来观察费县方言及其周边方言的研究现状。

1.2.1.1 关于山东方言的研究

山东省地处汉语官话方言区，据《中国语言地图集》（1987）的划分，山东方言分属于胶辽官话、冀鲁官话、中原官话三个官话次方言。钱曾怡、高文达、张志静等学者更将山东方言内部又细分为东、西两个区和东莱、东潍、西齐、西鲁四个小片（参见图 1.2）。自 20 世纪 50 年代全国开展方言普查工作以来，山东方言的学术研究成果丰硕，一直走在全国前列。近些年这方面的学术专著共时方面的有如：钱曾怡主编《山东方言研究》（2001）、《山东方言志丛书》（20 余种），殷焕先主编《山东省志·方言志》（1995）；历时方面的举例如：张树铮《清代山东方言语音研究》（2005）、《方言历史探索》（1999），张鸿魁《明清山东韵书研究》（2005），等等；其他涉及山东方言的专著，如钱曾怡主编《汉语官话方言研究》（2010）。此外，还有一些地方的方言志如张鸿魁《临清方言志》（1990）等，方言词典如钱曾怡主编《济南方言词典》（1997）、董绍克等《山东方言词典》（1997）。至于涉及山东方言的专题研究论文则更多，此处不一一列举。

虽然目前山东方言的研究总体上呈现出一片繁荣的趋势，不过，仍存在一些不足和欠缺的地方。首先，从研究点来看分布不均。钱曾怡先生（2002）在《临沂方言志》的出版说明中就提到，就《山东方言志丛书》的出版情况来看，鲁南及鲁西南地区的方言研究有的还处在空白阶段，仍需要大量的研究和努力来弥补这方面的不足。若从官话方言研究角度上看，相较于冀鲁官话、胶辽官话的研究，山东境内的中原官话的研究则显得较

---

① 费县地方史志编纂委员会办公室：《费县简志》，1987 年版，第 1—6 页。

为薄弱。其次，从研究方法上看，实验语音学的研究方法在山东方言中使用得还不是很普遍，仅有姜宝昌等《山东方言声调的声学测算》（1990）、刘娟《济南方言上上相连前字变调的实验分析》（1994）、刘娟《枣庄方言上上相连前字变调的实验分析》（1994）等少数几篇。钱曾怡先生在《山东方言研究》（2001）中也说到，"目前方言语音的实验研究在国内还不普遍，跟兄弟省市相比，山东应该算是处于领先的地位，但就学科发展的要求来说并不理想。主要是内容还只是局限于对某些点的声调研究，实际上山东方言中的不少问题如元辅音的音值、语调等等，很需要运用实验研究的手段才能更好地解决"[1]。最后，山东方言各点之间的联系研究还很不够。从已经发表的成果来看，单点的研究占主流，综合性的研究还比较少，不同方言点之间的比较研究更是少见。我们认为，在单点方言研究的基础上，把相关方言联系起来进行研究，除了可以显现不同方言的共性与个性之外，还可以促进对历史演变的研究，其中既包括促进对单点内部演变的研究，也包括促进对方言之间相互影响因而共同发展演变的研究。张树铮《冀鲁官话清入归派的内部差异及其历史层次》（2006）、《山东方言语音特征的扩散方向和历史层次》（2007）等论文在这方面的研究很有启发意义。

1.2.1.2　关于费县及周边方言的研究

费县地处山东省东南部，属于中原官话区郑曹片（按照钱曾怡先生的分区，属于山东方言西区的西鲁片）。应该说，也属于研究基础比较薄弱的方言区，目前专门针对费县方言的研究专著极少，而关于这方面的专题论文等参考文献也是寥寥可数，研究还谈不上深入。其中较早可见的要数曹志耘先生与王瑛、刘娟合作发表的《费县方言纪略》一文（1989），文中提到"费县方言虽颇具特色，但前人涉猎甚少"[2]，这句话时至今日看来依然适用于概述费县方言的研究现状。从目前我们收集到的资料看，现有已发表的专门针对费县方言的论文除了《费县方言纪略》外，还有明茂修《山东费县（刘庄）方言音系》（2011），康盛楠、赵井春《方言中"兀的"特殊用法例释》（2009），魏金光《费县方言语气词"行"》（2011）。在内容上涉及费县方言的专著有：马静、吴永焕《临沂方言志》（2003），钱曾怡主编《山东方言研究》（2001）、《汉语官话方言研究》（2010）等。此外，还有几篇关于费县方言的硕士学位论文，如田静《费县方言语音研究》（2010）等。

比较而言，费县周边有几个县市方言的研究情况要比费县方言的研究

---

[1] 钱曾怡主编：《山东方言研究》，齐鲁书社2001年版，第30页。
[2] 曹志耘、王瑛、刘娟：《费县方言纪略》，《临沂师专学报》1989年第4期。

更为充分。如：

  临沂：马静、吴永焕《临沂方言志》(2003)（包括整个临沂地区的方言）
     马静《临沂方言的轻声》(2003)
     马静《临沂方言影响下的方言语调的语音状态》(2009)
     明茂修《山东临沂（兰山）方言中的后缀[lə]》(2006)
     明茂修、王定康《山东临沂方言的比较句》(2006)
     明茂修《山东临沂方言中的特殊程度副词》(2007)
  苍山：孟子敏、增野仁、张树铮、刘勋宁《兰陵方言志》(2011)
     王晓军、田家成、马春时《苍山方言志》(2012)
     高小焱、季宗燕《临沂方言亲属称谓的城乡对比研究——以苍山方言为例》(2010)
     刘进《苍山方言连读变调研究》(2003)
  枣庄：张凯《枣庄方言志》(2011)
     张凯、葛婷《枣庄方言语音研究》(2011)
     杨晓虹《枣庄方言词汇研究》(2011)
     吕俭平《枣庄方言语法研究》(2011)
     杜兆金《郑曹片枣庄方言与普通话接触的语音变异规律研究》(2010)
     李芳元《从〈广韵〉精组声母的分化看枣庄方言同普通话的区别》(1989)
     何茜《古知庄章三组声母在枣庄方言中的演变》(2011)
     周惠珍《枣庄方言儿化词的特点》(2000)
     王希文《元明清白话著作中的枣庄方言词汇》(1991)
     张凯《枣庄方言中农村常用词语本字考释》(2009)
     史大丰《〈金瓶梅词话〉中的枣庄方言词例释》(2009)
  平邑：邵燕梅《关于郯城、平邑方言区属性质的补充讨论》(2010)
     李面锋《平邑（保太）方言语音研究》(2009)
     朱晨曦《平邑方言语音研究》（硕士论文，2003）

  这些成果对费县方言的研究无疑具有较高的参考价值。

  当然，费县周边也有个别区县的方言同样缺乏研究。如费县北边的沂南、蒙阴、平邑各县的方言专题论文就不是很多。

1.2.2 研究主旨与研究意义

  （1）对费县方言语音进行全面调查和描写，弥补了鲁南地区方言调查研究的薄弱环节。

如上文所述，鲁南地区方言（属于中原官话、山东西区西鲁片）的研究整体比较薄弱，而费县方言正是其中的薄弱环节之一。随着教育水平的提高，社会交往的进一步加深和人员之间的频繁流动，再加上普通话的推广与普及，费县方言的语音面貌正在发生着急剧的变化。日常交际中，年轻人已经在很大程度上表现出了向普通话靠拢的趋势。因此，对方言语音特点的挖掘就更显出时间上的紧迫性。如果不进行及时的调查和研究，很多方言特点很可能就会消失，它们的独特价值也就会湮灭无闻。本书实地调查了包括县城在内的全县 18 个乡镇的老派方言，对费县方言的语音特点及内部差异进行详细描写，可以为保留费县方言语音面貌做出一定贡献，为鲁南、鲁西南地区的中原官话研究添砖加瓦。同时，本书在描写中引入语音实验方法，用机器代替人耳对费县方言语音系统内部的特殊声、韵和声调进行实验分析，消除了一些记录描写中的模糊和误差，使方言描写更为细致、更具科学性。

（2）对费县方言语音特点及内部差异进行历史层次分析，深入揭示方言语音特点形成的过程与规律，为山东方言和中原官话方言语音的研究以及北方方言语音史的研究提供参考。

方音的共时面貌是历史发展的结果。本书对费县方音特点的历史分析，除了与古代的音韵资料进行比较，同时还比较了其他方言特别是周边方言，特别是对内部差异进行比较，从而从外部和内部、历史和共时面貌不同的角度来找寻演变的线索。费县方言语音的这些演变，既有符合北方方言演变大势的一面，又有自己独特的演变方式。所以，本书的研究结果既可以为研究北方方言提供参考，同时也可以从历时的角度凸显费县方言语音的特点。

（3）从方言接触的角度观察作为中原官话边缘地区的费县方言，分析方言触对方言特点形成和演变的影响及规律，从而为方言（语言）接触理论的研究提供扎实的第一手资料。"方言的过渡地带，好像语言发展的过渡阶段，在描写和研究上都有特殊重要的意义。"[①] 费县方言位于鲁南地区中原官话的北缘。按照钱曾怡等《山东方言研究》的划分，蒙阴和沂南属于山东方言东区（胶辽官话区）东潍片，平邑与费县一样属于山东方言西区西鲁片（中原官话区）。按照《中国语言地图集》的划分，其北的蒙阴、沂南属于冀鲁官话（图中标作"北方官话"），不过是"带有中原官话性质"的冀鲁官话；其西北的平邑属于"带有北方官话性质"的中原官话（参见图 1.3）。实际上，从蒙阴、沂南到莒县、莒南、日照这一片，两书的归属

---

① 袁家骅：《汉语方言概要》，语文出版社 2001 年版，第 12 页。

不同是由于分区的标准不同,《中国语言地图集》是根据清声母字今声调归阴平这一单一标准将蒙阴到日照的方言划归冀鲁官话的,而《山东方言研究》则根据古知庄章组声母是否二分(胶辽官话二分、中原官话合一)、日母字今读(胶辽官话读零声母、中原官话不读零声母)等多个标准将这一片划归东区(相当于胶辽官话区)。换言之,费县方言的北部,便是胶辽官话色彩浓郁的地区,因此,费县处于官话两大次方言区(无论是中原官话—胶辽官话还是中原官话—冀鲁官话)的边缘地带都是无疑的。这种边缘性的地理位置,也决定了它的一些语音特征具有过渡性的特点。对费县方言的系统分析,可以反映出两大官话次方言特征在边缘地区的进退,同时,也可以在方言历史层次分析的基础上从方言接触的角度观察费县方言语音特征的形成过程。

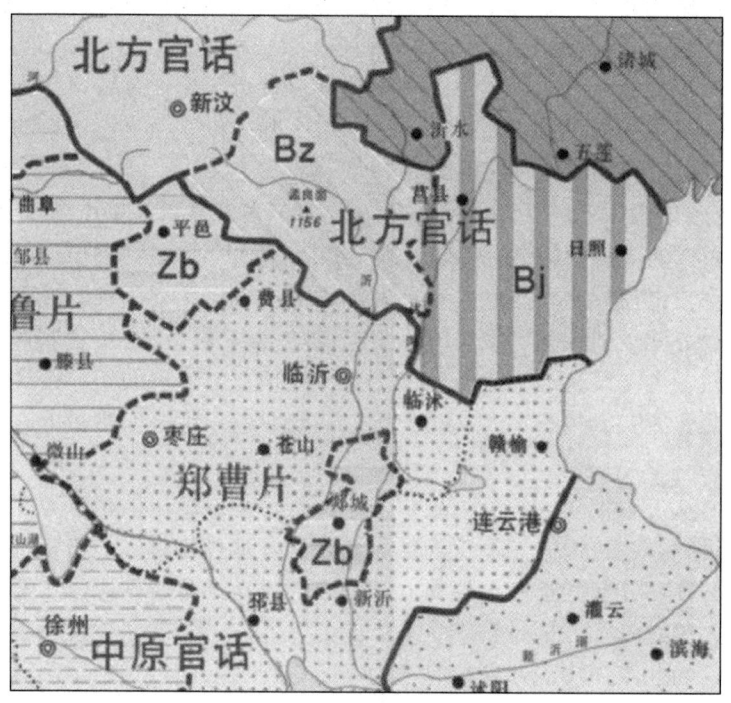

图1.3 《中国语言地图集》中费县及邻近方言的区属
(摘自《中国语言地图集》图B3"官话方言之三")[①]

[①] 中国社会科学院语言研究所、中国社会科学院民族学与人类学研究所、香港城市大学语言资讯科学研究中心编:《中国语言地图集(第二版)》,商务印书馆2012年版,第13页。

1.3 研究理论和方法、资料来源

1.3.1 研究理论

本书所依据的主要理论有：

①历史比较语言学

自 20 世纪历史比较语言学理论由西方传入中国以后，中国学者便将这个理论运用到了方言研究当中去，由此为中国的方言研究展开了一个新的观察角度，提高到了一个新的研究层次。将方言研究由静态描写扩大到了动态的研究层面，这使我们更能从历史角度把握方言特点。方言不是静止不动也不是孤立发展的，因而对它们的研究也就不能单单放在一个静态的系统中来单纯描述观察。本书运用历史比较语言学的理论，通过比较，将费县方言在历时和共时两个发展方向上表现出来的特点展现出来，并透过它们来发现费县方言的发展演变过程和一些规律。

②方言地理学

"方言的地理分布类型是由方言现象（语言特征）的地理分布特点归纳出来的；它是针对方言中的某些现象而言的，同一个地区的方言，在一些现象上的表现属于 A 类型，在另一些现象上的表现可能属于 B 类型。"①方言地理学的运用，可以帮助我们从方言的共时地理分布中考察其层次性和过渡性。

③语言接触理论和语言扩散理论

语言（方言）并非是各自封闭的，而是通过接触而相互影响的；语言的变化也不都是内部的演进，而是内因与外部影响共同作用的结果。在差异相对较大的方言区交界地区，会更多地体现出这些方言接触的交集特征。

王洪君先生（2009）指出："一个语音变化总是在地理上的某一点上率先发生，然后以该点为中心逐渐向外扩展。离中心越近，音变力量越强，变化越整齐；离中心越远，音变力量越弱，变化越不整齐；正如在水面上投下一块石头后的水波扩散。处于两个音变中心交界处的方言，同时受两个音变波的影响而发生方言混杂，如同水面上两个同心圆水波的交涉处出现乱纹。"②如上所述，处在边缘接触地带上的方言在混杂影响下极易兼具

---

① 曹志耘：《汉语方言的地理分布类型》，《语言教学与研究》2011 年第 5 期。
② 王洪君：《兼顾演变、推平和层次的汉语方言历史关系模型》，《方言》2009 年第 3 期。

其他方言的特征，形成特征上的叠置现象，它们之间的区别仅仅体现在比率上的多少而已。费县方言处在冀鲁官话、胶辽官话和中原官话的接触地带上，因而它在不同层次上会体现出不同方言特征的交汇与吸收。

方言的接触必然会带来方言特征的扩散和演化。许多方言特征在演化扩散过程中在不同的方言里慢慢地沉淀保留下来，对比研究这些差异，可以顺势把握方言的演化扩散方向和其演化规律。此外，语言扩散理论还牵涉人口迁移理论，因为许多语音特征的扩散是由人口迁移造成的，这也是值得重视的一个方面。

1.3.2 研究方法

本书使用的方法和技术手段主要有：

①描写法

李荣先生曾说："研究语言跟其他学问一样，要观察事实，不要先入为主。语言比语言学丰富，语言学的理论必须建立在语言事实的基础上。"[①] 要研究语言，首先要建立在对语言客观事实的细致描写上，因而，描写法是语言或方言研究中使用的基础方法之一。只有把握一种语言或方言的全貌，才可在此基础上进一步展开深入的对比研究。

②比较法

比较的方法不仅用于描写中的共时比较，也包括通过共时比较来探源的历史比较。通过对比方言间的共性和差异，分析它们彼此间的区别和联系，如此不但可以从共时层面更加全面的展示一种方言的特点，还可以从历时层面挖掘出一种方言的前后发展过程；而透过其共时和历时两个层面的联系对比，尽可能最大程度地揭示出其隐藏在方言深层中的演变脉络，整理这些发展脉络就可以把握此种方言的演变规律。

③统计法

在方言研究中，特别是实验语音学的研究上，统计法是其中必不可少的技术手段，通过对方言特征的计量和统计，数据化的证据让方言研究更具科学性和说服力。而在多个方言的对比研究上统计法的优点更是突出，比如声母、韵母的数量对比和古音值演变为今音上数量上的对比，它们之间数量上的差异可以分析归纳为演变速度上的快慢，而其层次差异的对比也表现出方言特征演化和过渡上的轨迹，同时也预示出此种特征未来的演化趋势和方向；此外利用计算机进行声调调值的实验分析更是需要运用统计的方法。

---

① 李荣：《方言研究中的若干问题》，《方言》1983年第2期。

④语音实验方法

实验语音学，将声学和生理学的分析方法运用到语言、方言的调查研究中去，分析语音具有的自然性质，这可以消除人们在语音描写过程中掺杂的一些心理、感知方面的主观因素，消除方言描写研究中的一些模糊性并较大程度上避免误差，由此让方言的研究更具科学性，论据也更具说服力。山东方言在语音实验方面的研究，目前，"主要是内容还只是局限于对某些点的声调研究，实际上山东方言中的不少问题如元辅音的音值、语调等等，很需要运用实验研究的手段才能更好的解决"[①]。本书采用实验语音学的方法，一是让费县方言的语音描写更加准确精细，二是可以为山东方言的一些语音现象的分析提供参考。

⑤历史层次分析法

"任何方言的语音系统用历史的观点去透视都不是单纯的系统，而是叠置的系统，都有不同历史时代的语音成分的沉淀。其中不但有历代共同语语音的成分也有古方言的成分和不同历史时期的方言自身的创新。……把这些对应汇总起来，拿古今语音演变史作为参照，方言语音的历史层次就清楚地显示出来了。"由此，有助于我们对此方言作历史的定位。[②] 李如龙运用历史层次分析法透视某一特点地区方言演变发展的特点，尽可能地追踪溯源从而把握方言演变发展的规律或梳理接触扩散等影响的方式。如此可以更加纵深地把握一种特定方言的特点并判断其主次层次。运用历史层次分析法来分析费县方言的语音特点，从其语音演变和地域扩散两个角度来分析其层次构造，可以将费县这一处在方言接触带上的语音发展及演变特点更好地展现出来，有助于我们梳理此地方言的发展脉络和其演变成因。

1.3.3 材料来源

本书采用的第一手资料和直接数据均来自笔者对费县 18 个乡镇的田野调查。笔者自 2008 年 11 月起陆续几次对费县个别乡镇做了田野调查取样，当时主要调查的是县城费城镇和笔者的母方言朱田镇。2013 年 1—2 月，笔者根据钱曾怡先生设计的《山东方言调查字表》，对全县 18 个乡镇进行了全面的实地调查。此外，还参考和借鉴了涉及费县方言的论著或学位论文。

---

① 钱曾怡主编：《山东方言研究》，齐鲁书社 2001 年版，第 30 页。
② 李如龙：《论汉语方言比较研究（下）——世纪之交谈汉语方言学》，《语文研究》2000 年第 3 期。

主要调查合作人名单：
上冶镇：葛文来　男　50 岁　中专　上冶镇种子站职工
朱田镇：裴怀学　男　62 岁　初中　农民
　　　　裴怀增　男　50 岁　中专　朱田镇种子站站长
　　　　裴怀忠　男　51 岁　高中　自由职业
　　　　裴怀荣　女　52 岁　小学　家庭妇女
刘庄镇：全建瑞　女　52 岁　中专　刘庄镇种子站职工
城北乡：徐元荣　男　48 岁　中专　城北乡种子站职工
薛庄镇：任庆烨　男　45 岁　中专　薛庄镇种子站职工
探沂镇：马金龙　男　43 岁　中专　探沂镇种子站职工
汪沟镇：许明军　男　50 岁　中专　汪沟镇种子站职工
　　　　许　博　男　43 岁　大学　费县农业局职工
南张庄乡：刘泽花　女　45 岁　小学　家庭主妇
　　　　孙寒露　女　44 岁　中专　家庭主妇
梁邱镇：雷美丽　女　42 岁　中专　梁邱镇种子站职工
　　　　杨　雪　女　40 岁　中专　家庭主妇
大田庄乡：刘道才　男　45 岁　中专　大田庄乡种子站职工
新庄镇：刘同付　男　48 岁　初中　新庄镇种子站职工
费城镇：陈金德　男　50 岁　小学　费城镇街道小区保安
　　　　裴广海　男　41 岁　初中　自由职业
　　　　侯玉琴　女　40 岁　初中　家庭妇女
石井镇：徐学友　男　58 岁　初中　农民
　　　　王传锋　男　51 岁　小学　农民
马庄镇：朱　燕　女　44 岁　专科　马庄镇种子站职工
胡阳镇：王自如　男　73 岁　初中　农民
　　　　王永田　男　41 岁　大专　农民
方城镇：李玉堂　男　50 岁　小学　农民
　　　　籍文学　男　55 岁　中学　农民
　　　　董芹兰　女　50 岁　小学　农民
　　　　孙广海　男　47 岁　初中　农民
　　　　全玉强　男　36 岁　中专　方城镇种子站职工
新桥镇：唐纪举　男　66 岁　高中　退休
　　　　孙自喜　男　45 岁　大专　镇政府工作人员
芍药山乡：郑连庆　男　47 岁　高中　镇政府工作人员

上述人员为此次方言调查的主要发音合作人，研究中供数据分析的样本主要来自这些发音合作人的调查采样。此外，调查过程中还采取随机调查、询问笔录和录音的方式对一些不记名发音合作人录音取样，以做补充备份使用，在此对这些发音合作人一并表示深深的感谢！

第二章 声母研究

2.1 声母系统概况

2.1.1 县城方言声母

县城费城镇方言包括零声母在内共有声母 25 个。

双唇	p	布步	pʰ	坡盘	m	门木			
齿唇							f	费发	
舌尖前	ts	祖族	tsʰ	粗从	s	苏散			
舌尖中	t	到道	tʰ	太同	n	难怒	l	兰路	
舌尖后	tʂ	争蒸	tʂʰ	初锄	ʂ	师湿	ʐ	认日	ɭ 二耳
舌面前	tɕ	精经	tɕʰ	秋丘	ȵ	女年	ɕ	修休	
舌根	k	贵跪	kʰ	开葵	x	化话	ɣ	袄爱	
零声母	∅	烟五							

说明：

① n 与 ȵ 互补分布：n 只拼开口呼和合口呼，ȵ 只拼齐齿呼和撮口呼。

② ɭə 声母只出现在 ɭə 音节（二耳儿而尔饵）中，其中常用字"二、耳、儿"使用频率较高。目前在费城镇新派发音人中也读成与普通话相同的 ər。

③ ts、tsʰ、s 拼韵母时，老派发音人齿间音不明显，故不记作 tθ、tθʰ、θ。不过新派发音人多读 tθ、tθʰ、θ。除费城镇、汪沟镇和新桥镇老派中多读 ts、tsʰ、s 外，其他乡镇都读 tθ、tθʰ、θ。

④ f 声母中有少数字来自古照组字如"书树水"，均读合口呼。"初锄"在费城镇基本不读齿唇音，只是在其周边一些乡村地区，如许家崖村读齿唇 pf、pfʰ。至于日母合口呼字在费城镇不存在读 v 的现象。

2.1.2 费县方言声母的内部差异

从已发表的文章和相关著作看,费县方言的声母系统声母数量从 24 个(《费县方言纪略》1989)或到 27 个(《临沂方言志》2003)不等。这些数量差异的产生不排除调查时受到个体、地域甚至时间等因素的影响。据我们对费县 18 个乡镇的调查,各乡镇的声母数量经统计如表 2.1 所示。

表 2.1　　　　　　　　费县 18 乡镇声母数量表

调查点 声母数	大田庄乡	上冶镇	南张庄乡	薛庄镇	城北乡	朱田镇	费城镇	胡阳镇	方城镇	汪沟镇	新桥镇	探沂镇	芍药山乡	梁邱镇	刘庄镇	马庄镇	新庄镇	石井镇
新/文	24	24	24	24	27	21	24	24	24	27	27	24	24	24	24	24	21	24
老/白	28	28	28	28	31	25	27	28	25	27	28	25	28	28	24	24	24	24

注:表中"新/文"指新派或读书音,"老/白"指代老派或白读音。

这 18 个乡镇中,朱田镇和新庄镇(新/文)的声母数量最少,仅有 21 个。两镇声母一致,与费城镇(新/文)声母相比,它们之间的差异主要是:朱田镇、新庄镇的争蒸=精经=tʃ,初锄=秋丘=tʃʰ,师湿=修休=ʃ;此外,ts、tsʰ、s 拼开口呼、合口呼韵母时齿间音十分明显,祖族=tθ、粗从=tθʰ、苏散=θ。另外,城北乡、汪沟镇和新桥镇(新/文)声母数量相对较多达到了 27 个,与费城镇相比它们的差异主要是由知庄章声母二分产生了舌尖后 tʂ、tʂʰ、ʂ 和舌面音 tʃ、tʃʰ、ʃ 两组声母,如展 tʃ≠站 tʂ,生 ʃ≠声 ʂ。

同时,通过上表我们发现费县内部声母数量上的共性和差异具体表现在新派与老派、读书音与口语之间。产生新老派差异最主要的一个外因就是近几十年来普通话的普及以及受教育程度的大幅提升。总体来看,费县乡镇之间声母系统的共性要远大于差异性,新派声母数多在 24 个,老派多为 28 个,新老派之间的差异主要体现在两个方面:一个是日母止开三字如"儿二"是否发舌尖后音 ɹ̩;另一个则是古知系字声母拼合口呼韵母时是否读 pf、pfʰ、v,比如"庄猪"声母读 pf、"锄、初"声母读 pfʰ、"水、书、说"声母读 f,"荣绒"声母读 v,这是费县一带方言的一大特色。此外,ts、tsʰ、s 声母在拼韵母时,除费城镇、汪沟镇和新桥镇外,其他十五个乡镇均读齿间音 tθ、tθʰ、θ,只是从音感上听辨时略有清晰和弱化的区别。据曹志耘先生(1989)记载费城镇中年轻人存在读齿间音的现象,目前这一现象愈发明显起来,在新派发音人中多读齿间音。

关于老派与新派，这里要做一个说明，老派与新派年龄层段的划分从历时角度来看是具有相对性的。比如在 20 世纪 50 年代的青年人要算是新派方言，但现在再去对同一位发音人进行调查，此时其所说的方音就应该归入老派了。我们在调查时所针对的新派和老派之间的区别一般是从共时层面进行考量。

2.1.3 从古音来源看费县方言内部声母的共性和差异

综合起来看，费县内部声母系统一致性较大，但是同时也存在一定地域上的差异。从古音来源来观察，费县 18 个乡镇的共性特征具体表现如下：

（1）古全浊声母全部清化，今读遵循着"平送仄不送"的演变规律，即塞音、塞擦音的声母平声送气，仄声不送气。如大 ta^{312}、茶 tʃʰa^{53}。

（2）古非组声母今大部分读唇齿音 f 或零声母 ∅，个别字读 m、pʰ。如飞 fei^{213}、风 fəŋ^{213}、武 ∅u^{213}、袜 ∅ua^{312}、曼 mã^{312}、捧 pʰəŋ^{44}。

（3）中古精系字在费县方言中演化为两类，一类是在洪音韵母前演变为齿间音 tθ、tθʰ、θ 或舌尖前音 ts、tsʰ、s。①不过这两组声母除地理分布上的差别外，还存在新老派上的差异，比如曹志耘先生在《费县方言纪略》（1989）说明中曾提到 ts、tsʰ、s 声母在（费城镇）年轻人中存在发齿间音的现象，只是不太明显，②此次调查发现年轻人中仍存在明显的读齿间音的现象。另一类是在细音韵母前读舌面音 tʃ、tsʰ、ʃ 或塞擦音 tɕ、tɕʰ、ɕ，与见组声母细音或合并或分立。如费城镇精见组声母细音前合并为 tɕ 组，朱田镇等合并为 tʃ 组，另有城北乡镇等精见分立为 tʃ、tɕ 组声母。

（4）古影疑云以母：古影疑母声母开口一二等字在北京话中一般读零声母（韵母为开口呼），而费县方言中古影疑母今读开口呼的韵母前会带有一个舌根浊擦音 ɣ，如"爱 ɣe^{312}、矮 ɣɛ^{44}、熬 ɣau^{53}"。这在费县 18 个乡镇中对应较为整齐，只是在新派口语中已有程度不一逐渐弱化的趋势。而在新派里这种弱化乃至消失的语音现象目前在西鲁片的许多地方普遍出现。此外，古云以母读合口呼的字在费县个别乡镇点如上冶镇、朱田镇的老派发音人中还留有读 v 的现象，如"软 vã^{44}、荣 vəŋ^{53}、绒 vəŋ^{53}"，但是整体上看大部分乡镇此类读音多已消失了，尤其是在新派发音人群中更是日渐稀少。

（5）古泥（娘）母：古泥母在费县方言中演化为两类声母，一类是舌尖前浊鼻音 n，另一类是舌面前浊鼻音 ȵ。这两类声母形成严格的互补格局，

---

① 马静、吴永焕：《临沂方言志》，齐鲁书社 2003 年版，第 64 页。
② 曹志耘、王瑛、刘娟：《费县方言纪略》，《临沂师专学报》1989 年第 4 期。

在开口呼和合口呼韵母前面读 n 声母，如难 nã⁵³、暖 nuã⁵⁵；细音韵母前读 ȵ 声母，如年 ȵiã⁵³、女 ȵy⁴⁴。泥母与来母基本不混，但有个别少数字有混读现象，比如：嫩 luẽ³¹²、弄 nəŋ³¹²、赁 lẽ³¹²等。明母与泥母也有少数字有混读的现象，但数量十分有限，比如：棉 ȵiã⁵³、泥 mi⁵³。

（6）知系字拼合口呼：在费县内部，知系字拼合口呼的读音表现得十分特殊，主要表现在老派发音人中此类字多有读齿唇音 pf、pfʰ、f 的现象，如猪 pfu²¹³、窗 pʰaŋ²¹³、书 fu²¹³，不过在年轻人中此类声母的使用频率已不高。

费县 18 个乡镇的声母在地域上的差异主要表现在以下三个方面：

（1）古知庄章声母：调查结果表明，整体上看，费县方言内部的古知庄章三组声母大多已基本合并完毕，除了费城镇和方城镇两个镇合并为 tʂ 组外，其他 13 个乡镇均已合并为 tʃ 组；除此之外，目前费县仍有三个方言点（特别是在老派口语中）留有合并前的痕迹，即古知庄章声母的合并过程并未完成，还保留着三分的痕迹，主要是在开口呼前分化 tʃ 组和 tʂ 组（在合口呼前老派多读齿唇音），这三个乡镇分别是城北乡、汪沟镇和新桥镇。

（2）尖团：古精见两组字在拼细音字时今声母的分合情况。据此次调查，在费县 18 个乡镇中仍有八个乡镇保留着尖团分立的情况，它们主要集中在费县东部和东南部靠近临沂兰山区一带的接触带上，它们是城北乡、胡阳镇、汪沟镇、新桥镇、探沂镇、芍药山乡、刘庄镇、马庄镇；剩余十个尖团合并的乡镇则集中在费县中部、西部和北部地区，分别是：费城镇、朱田镇、梁邱镇、新庄镇、上冶镇、石井镇、薛庄镇、方城镇、南张庄乡、大田庄乡。在八个尖团合并的乡镇中具体可分作两类，即整齐合并为 tʃ 组或 tɕ 组，而剩下的十个尖团分立的乡镇之间则表现得较为复杂，具体可规划出两类，一类简单地表现为 tʃ 组和 tɕ 组对立，还有一类则同时存在着 tʃ-tɕ 组的对立和 tθ-tɕ 组的对立。

（3）古日母：在费县方言内部，古日母字的今读对应并不整齐。首先是止摄之外的日母字主要分成两类，即 ʒ 和 ʐ。多数乡镇拼开口呼时读 ʒ，正好与其声母系统内部开口知组三等、章组声母 tʃ、tʃʰ、ʃ 形成互补组合，另有费城镇和方城镇读作 ʐ，与 tʂ、tʂʰ、ʂ 互补组合排列。此外，笼统地说，古日母字拼合口呼读 v 的现象在整个费县内部已不多见，且多只存在于老派发音人的日常口语中，年轻人中多已不再使用。其次是止摄开口三等日母字在新派中多读零声母 ∅，而在大多数老派和少数方言点的日常交际用语中多读浊边擦声母 ɬ̬，但一般只组成音节 ɬ̬ɚ（二儿而尔饵）。

2.2 ɣ和ɭ声母的语音实验分析

鉴于其他声母在别的方言中也较为常见，所以我们这里只对费县方言中较为特殊的两个声母进行语音实验分析，以确定他们的语音性质。实验分析主要使用的软件有 Praat、Speech Analyzer 和 Excel。

2.2.1 舌根浊擦音 ɣ 声母

此处的语音实验分析将重点从下列的几个声学视角进行观察和分析，故先对这些声学单位进行简单的说明。

（1）浊声杠：关于浊擦音，朱晓农先生在《语音学》（2010）中解释擦音时提到，"擦音是大音类中最复杂的，种类多，性质多样，很难用一个物理常量去量度"[①]。目前对擦音的声学研究非常少，仅有的少数一些研究结果则表明，擦音实际上没有声学常数可以分辨。现在对擦音的研究共识，区别其声学性质的还是依靠它们与后接元音的共振峰转接上。尽管擦音目前没有专门的声学参数以供辨别，但是对浊擦音 ɣ 来说，可以首先从清浊的角度来考量其摩擦的程度。因为辅音清浊在图谱上最大的区别是清音没有浊声杠，而浊音有。首先清浊可以通过浊声杠的有无来进行有效的辨别。其次，另据朱晓农先生的研究，常态浊音与内爆音的区别主要表现在三个方面，分别是：一是波形图，常态浊音振幅由大变小，而内爆音振幅由小变大；二是起始基频（后接元音起始处的基频），常态浊音一般引起低调头，而内爆音的起始基频可高可低；三是浊声杠的时长，常态浊声杠较短，内爆音浊声杠较长。[②]浊声杠的长度直接关系到浊音的清晰度，这点在心理语音学理论上也得到了相关的论证。因此，观察浊声杠可以帮助我们辨别清浊声，测量浊声杠长短以及观察波形图振幅大小式样可以进一步帮助我们区别常态浊声和内爆音浊声。

（2）初浊：除了浊声杠，初浊 VOT（voice onset time），即"浊声初起时"也是语音学上最常用的声学分析考量单位。它主要用以定义三个常见发声态：浊声、清不送气、清送气。"初浊定义的是一个时间长度单位，它以爆发音的除阻时为原点，量度浊声发出的时间，即 VOT=爆发时—浊声初发时，如果浊声发出在除阻之前，那么初浊值是负的，这就是不送气浊爆音，如

[①] 朱晓农：《语音学》，商务印书馆 2010 年版，第 177—178 页。

[②] 朱晓农：《语音学》，商务印书馆 2010 年版，第 78—81 页。

果浊声发出在除阻之后,那么初浊值是正的,这就是清爆音。"[①]此外,"初浊值还给我们提供了一些参数的函数,如同样是不送气,VOT越大,被动部位阻碍点越往后,部位越靠前,则初浊值VOT就越小。此外,成阻部位接触面积越大,VOT越长;调音动作越快,VOT越短"[②]。因而,测量VOT的音值大小可以提供以下几个方面的声学信息,包括辅音的清浊、是否送气、被动阻碍部位前后位置、成阻部分接触面积及调音动作快慢。对辅音来说,VOT是一项重要的声学参数单位。吴宗济先生(2004)对此也有过相关论述,他认为VOT在识别短暂辅音发音方法上起主要作用,是区别不同塞音的主要指标之一[③]。

费县方言里古影疑母一、二等拼开口呼时读舌面浊擦音ɣ,这是费县内部一项有特色的语音特征,但是,在内外因素的影响下,特别是受普通话的影响,其内部已出现弱化消失的迹象。出于记载方言原始语音特征的考虑,本文调查的重点在于对比费县各乡镇ɣ声的分布特点和演化规律,此处我们将重点从声学分析和乡镇对比两个方面,重点观察浊声杠和VOT的声学参数以对舌根浊擦音ɣ进行实验对比研究,从而帮助我们对后面将要进行的ɣ声演化分布提供更加直接、科学的数据证据。

2.2.1.1 舌根浊擦音ɣ的声学分析

下面我们先选取上冶镇例字"岸"来做声学分析,从声学角度来看,舌根浊擦音ɣ的语音特征(如图2.1所示)。

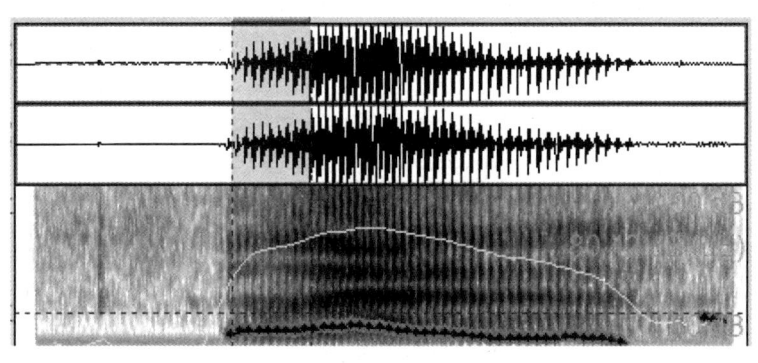

ɣ　　ā　　VOT-85(毫秒)

图2.1 上冶镇"岸"声波图和宽带频谱图

---

① 朱晓农:《语音学》,商务印书馆2010年版,第78页。
② 朱晓农:《语音学》,商务印书馆2010年版,第78页。
③ 吴宗济:《普通话辅音不送气/送气区别的实验研究》,《吴宗济语言学论文集》,商务印书馆2004年版,第31—65页。

图 2.1 中两条竖线选定的区域为 ɣ 声的音域部分（在确认音值音域的大致范围方面可以辅助参考能量曲线的范围和曲折走势）。首先，在宽带图上我们可以很清楚地看到浊声杠，这是浊声的标志性特征，说明 ɣ 带音是浊声。从宽带图中可以观察到上冶镇发音人发 ɣ 声时浊声杠很长，其擦音特征明显。而在声波图上我们看到 ɣ 声的振幅大小前后相当，因此属于常态浊音。此外，ɣ 音区域脉冲黑白间隔十分清晰、没有乱纹，有可见的共振峰结构，且表现得很整齐，音强较大。其次，我们测得 ɣ 音的 VOT 数值为-85 毫秒，此声学参数给我们提供了以下一些信息，即其属不送气浊爆音，由于 VOT 数值较大因此被动阻碍部位也相对较为靠后，成阻部分接触面积应较大，调音动作也较慢。

2.2.1.2 费县乡镇 ɣ 声实验对比分析

费县乡镇古影疑母开口一、二等今读舌根浊擦音 ɣ，是鲁西南一带包括费县在内一个有地方色彩的语音特征，其历史演变过程我们将在下面章节里做详细的介绍。在调查费县方言的 18 个乡镇时，我们发现这 18 个乡镇 ɣ 声的强弱出现有鲜明的对比，有些乡镇摩擦轻微已不易被察觉，有的乡镇却音强较强。鲁西南地区，整体上 ɣ 声弱化的现象已变得十分普遍，特别是在新派的发音人中。

下面我们从实验语音学的角度对此声母进行语音实验分析以观察其语音特征的具体形式，此外再对比 18 个乡镇 ɣ 声间的差异来说明此音在费县内部乡镇的演化过渡问题。

在调查时，仅凭听感我们就察觉到有的乡镇在此声 ɣ 的发音上不但摩擦力度不够，而且过渡十分迅速，音长较短。类这样的乡镇有大田庄乡、探沂镇、刘庄镇、马庄镇和梁邱镇。下面我们选取上冶镇、刘庄镇和马庄镇作为代表来进行一个对比说明。

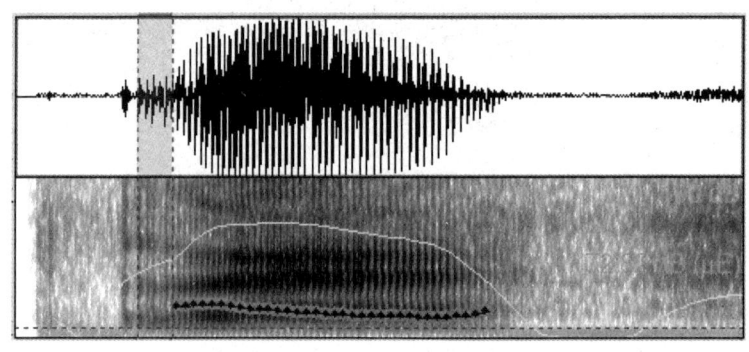

ɣ ã VOT-37（毫秒）

图 2.2 刘庄镇样本"岸"[ɣã³¹²]

如图 2.2 所示,两条竖线选定区域为 ɣ 声音域部分。刘庄镇与上冶镇的语图在辅音音域部分有很明显的差异。从声波图上我们看到 ɣ 的音强比上冶镇的音强不但小,值域也要小很多,在宽带频谱图上可以观察到浊声杠,带音成分明显。总体上看,脉冲部分清晰,有明显的共振峰结构。测量获得其 VOT 值为–37 毫秒,数值较小,这告诉我们其成阻部位接触面积与上冶镇相比要小很多,被动阻碍部位也比其稍微靠前。因此,与上冶镇相比,马庄镇的 ɣ 声浊擦音色的成分明显要弱化许多。

下面再看其他几个乡镇的样本。

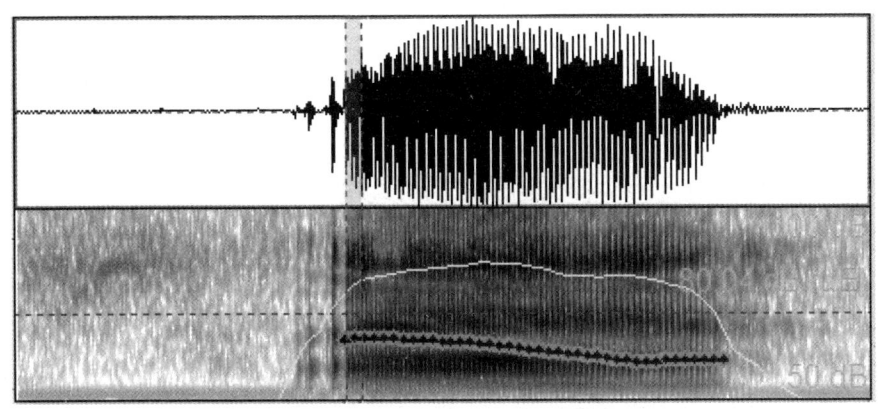

ɣ   ã   VOT–15(毫秒)

图 2.3 马庄镇样本"岸"[ɣã³¹²]

注:此样本经放大处理。

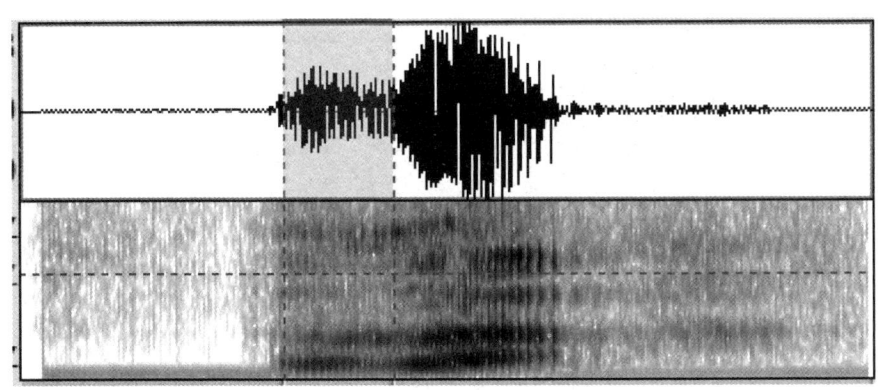

ɣ   ə   VOT–114(毫秒)

图 2.4 石井镇样本"鹅"[ɣə⁵³]

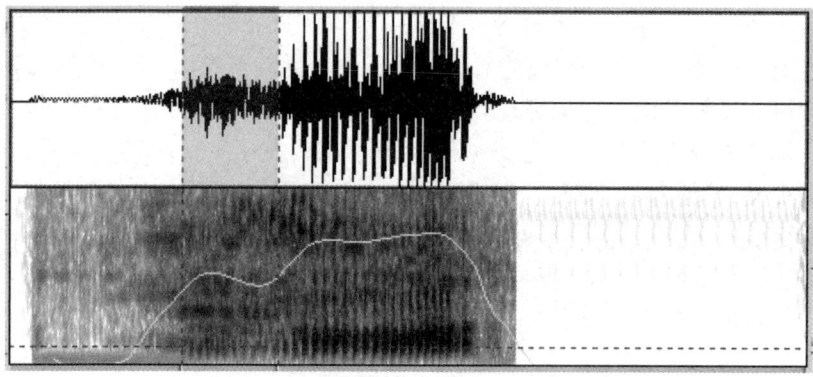

ɣ　　　ɔ　VOT-106（毫秒）
图 2.5　费城镇样本"袄"[ɣɔ⁴⁴]

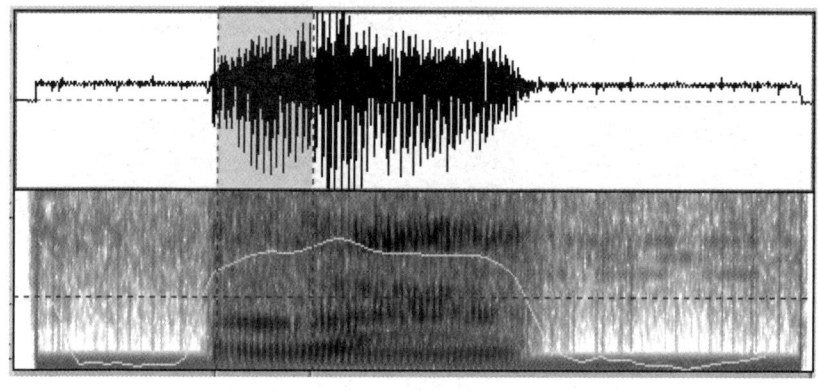

ɣ　　　ã　VOT-107（毫秒）
图 2.6　方城镇样本"安"[ɣã²¹³]

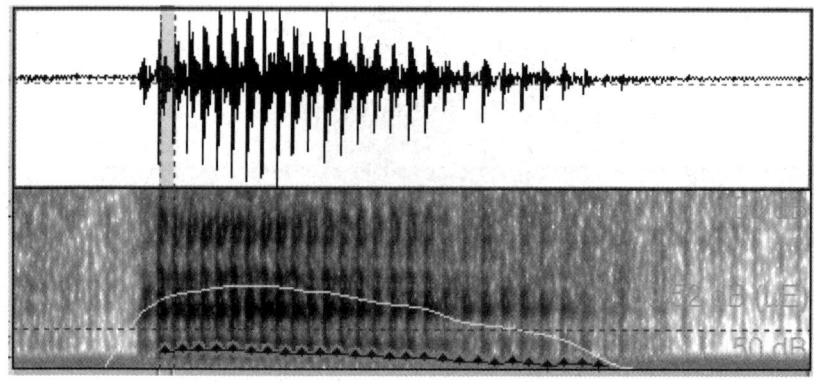

ɣ　ã　VOT-8（毫秒）
图 2.7　大田乡样本"岸"[ɣã³¹²]

注：此样本经放大处理。

第二章 声母研究

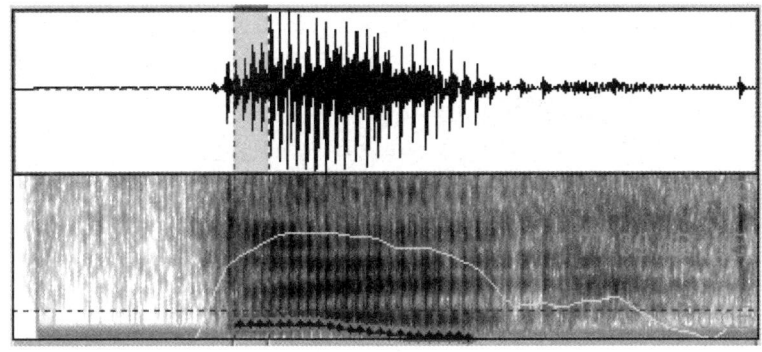

ɣ　ε　VOT-43（毫秒）
图 2.8　上冶镇样本"爱"[ɣε³¹²]

注：此样本经放大处理。

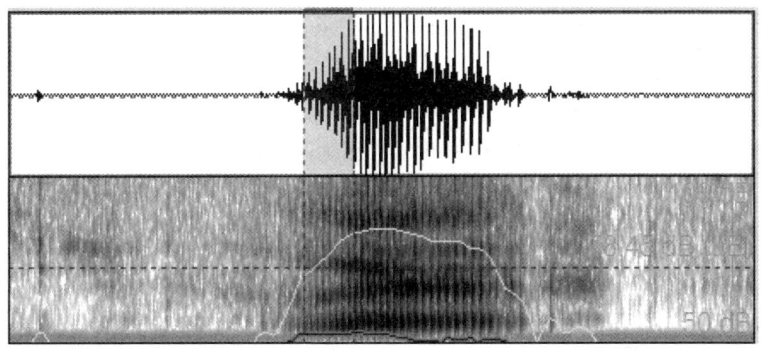

ɣ　ã　VOT-79（毫秒）
图 2.9　朱田镇样本"岸"[ɣã³¹²]

注：此样本经放大处理。

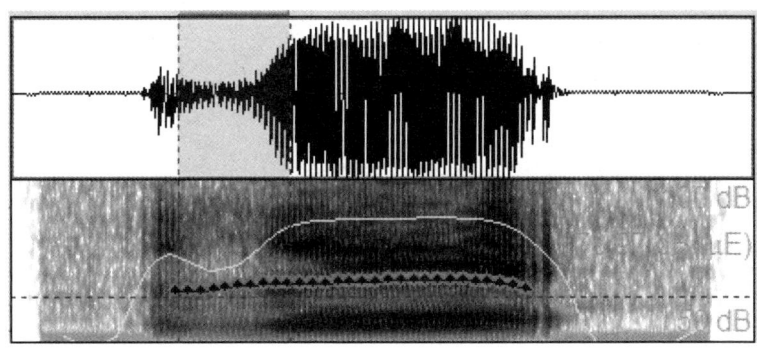

ɣ　ε　VOT-81（毫秒）
图 2.10　南张庄乡样本"矮"[ɣε⁴⁴]

注：此样本经放大处理。

上面我们随机抽取了以上几个乡镇不同韵母 ã、ɛ、ɔ 的例字,同时兼顾四声,各取阴平、阳平、上声和去声调值的例字来进行综合对比,有些语图因音质问题需经放大处理以便观察。

经对比可以看出,各乡镇无论韵母和调形的变化,ɣ 声母浊声杠在宽带图上都可以看到,只是有的十分清晰,有的稍显模糊,它们之间最明显的区别在于其 VOT 时长上,有的例字时长较长,如石井镇最长达到了–114 毫秒,最短的是大田庄乡只有–8 毫秒。从声学实验分析角度我们得出以下结论:

1. ɣ 声母音强大小与其韵母、声调没有直接的关系。其音强与 VOT 时长有直接的关系,VOT 时长越长其声学上的浊声杠表现约明显,听感上也感觉出其音色清晰可辨,VOT 短则浊声杠越模糊难显,听感上也较难把握和辨识。

2. 目前 ɣ 声母普遍存在于费县 18 个乡镇中,但在其中一些乡镇的发音人中其读音已相对弱化很多,逐渐向(普通话)零声母靠拢。而且,ɣ 声母弱化消失的现象在费县新派中更是十分普遍,而造成此种现象的原因(下面的声母分析部分另有详细分析),简单地说,首先,是此类声母字在数量上的限制,由于 ɣ 声母只跟开口呼韵母相拼,而能与 ɣ 声母相拼的韵母仅限于几个半开元音、央–后元音韵母 ə、ɤ、ɔ、ɛ、ou、和鼻化元音韵母 ã、ẽ 中,另有一个特殊后鼻音韵母字"□"[ɣaŋ⁴⁴](意为"烧着")。其次,从实验分析数据可得,ɣ 声母弱化消失从生理角度很容易实现,VOT 时长只要达不到其存显的长度或韵母主要元音高化到临界程度都会使 ɣ 声母弱化消失。有鉴于此,ɣ 自然容易向零声母转化过渡,与此同时,这种现象在普通话的影响下蔓延速度更是十分迅速。

从声学角度看,ɣ 声母音质强弱表现出很大的随机性,目前其在费县各乡镇均存在使用分布的情况,其出现的限制性因素与其后紧跟的韵母舌位较低(费县方言主要元音舌位整体比北京话低很多,详情可参考第三章韵母分析部分)有很大关系,与声调类型、调值没有直接关系。

2.2.2 卷舌边音 ɭ 声母

在费县方言中,有一种特殊声母读音现象,即儿类字"儿、二、而、尔、耳、贰、饵"读卷舌边音 ɭ 声母,记作 ɭə(关于 ɭ 后韵母 ə 音值的确定问题详情可参考第三章韵母语音实验分析部分)。对于此类字的声母音值存在着不同的看法,我们将从语音实验分析的角度来分析其声学特征,并对其在儿化韵中的实际音值进行声学分析和判断,以便为我们后面的分析打好基础。

2.2.2.1 l̩声学特征

首先，我们先观察下面的语图：

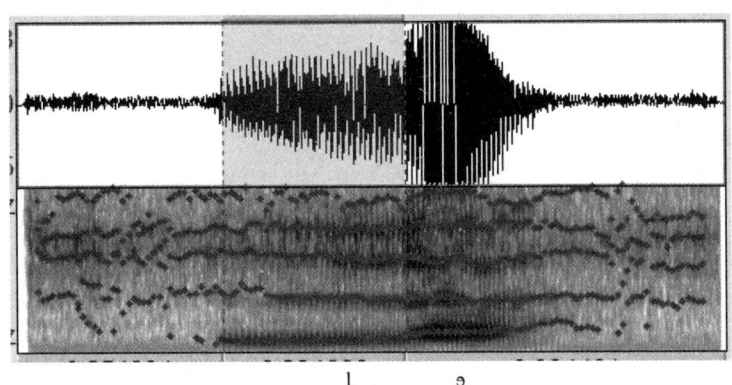

图 2.11 新桥镇样本"耳"

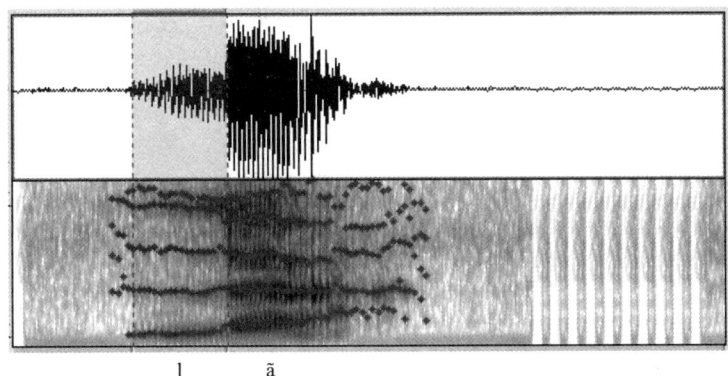

图 2.12 新桥镇样本"兰"

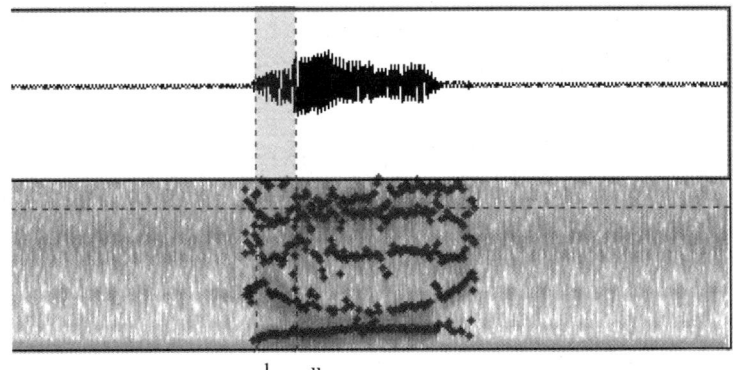

图 2.13 新桥镇样本"路"

	F1	F2	F3	F4	ms（时长：毫秒）
耳 ɭ	315	1669	2879	3722	225
兰 l	354	1618	2858	4110	112
路 l	384	1654	2732	3756	101

注：① F1/F2/F3/F4 为第一、二、三、四共振峰，ms 表示声母时长，单位毫秒；

② 以上数字均取各共振峰的基频均值，单位：赫兹（Hz）；

③ 格中阴影部分为其声学上典型的区别特征。

上面我们选取了新桥镇发音人的三个读音样本"耳""兰""路"。各图中两条竖线选中的区域为声母音域部分。对比后我们发现：

（1）共同点：宽带图中三个字声母部分，第一共振峰 F1、第二共振峰 F2 和第三共振峰 F3 基本上等距排列，除"路"的共振峰略显凌乱外，其他两个字"耳""兰"第一、第二和第三共振峰线清晰笔直。此外，三个样本声母部分的音强和脉冲和其后面紧跟的韵母相比都要弱很多，从宽带图上看其后面元音的音强区域更黑一些，从声波图上看其大小强弱表现得更明显，因此相对来说后面的元音音强比声母部分更大，脉冲也更加清晰。

（2）区别：ɭ 与 l 声学特征上的差异也是十分明显的，重点在其前四个共振峰和时长上。通过声波图上的音强对比我们发现，ɭ 的音强明显要比 l 的音强大很多。至于它们之间前四个共振峰上的数值对比差异则更明显，ɭ 的第一共振峰 F1：315Hz（赫兹）是三个样本中最低的，但其第二共振峰 F2：1669Hz（赫兹）却是三个样本中最高的，其第三共振峰数值 2879Hz（赫兹）介于三个样本中间，只是到了第四共振峰 F4：3722Hz（赫兹）又成了三个样本中数值最低的了。这里第一共振峰、第二共振峰和第四共振峰的高低走势是 ɭ 声母和 l 声母的典型声学区别特征，由此我们可以据此对其进行初步的判断，即 ɭ 与 l 的声学对比表现在第一、二、四共振峰的走势上。而它们最重要的区别特征表现在时长上，由于卷舌边音 ɭ 可以自成音节，因此其读音常常表现得跟元音一样长，边音 l 却不具备这方面的特点。上面卷舌边音 ɭ 的音长达到了 225 毫秒，l 音长最长的只有 112 毫秒，两者相差 114 毫秒，差不多等于一个元音的时长（ɭ 后紧跟的韵母 ə 经测量音长只有 155 毫秒）。

结论：通过以上的对比分析，我们对 ɭ 声母的声学特征有了清晰的认识，其声学特征主要是通过第一共振峰、第二共振峰和第四共振峰，特别是音长等声学参数来表现的。

2.2.2.2 儿化中的"儿"

我们在调查费县方言的儿化词时，发现费县儿化尾发音特殊，与北京话的儿化韵的儿尾发卷舌音 r[ɐɚ]有很大的区别，从听感上即清晰可辨。为此我们参考了其他文献资料来进行联系对比。曹志耘（1989）《费县方言纪略》中对费县儿化的描写中提到"l"声母儿化时变为闪音，韵母韵头部分丢失，韵腹 i 变 ə，y 变 u；"ɭ"声母无儿化例。①《临沂方言志》（2001）中对费县方言的儿化变韵调查分析得更为详细，然而其中并没有提到费县方言存在儿化时声母变闪音的读音现象，不过临沂辖区内十二区县中却有四个区县的方言点存在着儿化时声母改变增加闪音的现象存在。有鉴于此，我们在调查费县方言时发现的儿化韵尾的特殊读音是不是就是增加闪音 ɾ 呢？下面针对此问题我们将从声学角度对其进行实验分析，通过比对具体的声学数据从中发现最接近语音实际的音值。

调查发现，儿化读音特殊的乡镇最典型的要数胡阳镇，下面我们截取胡阳镇的儿化读音样本词进行具体的分析。

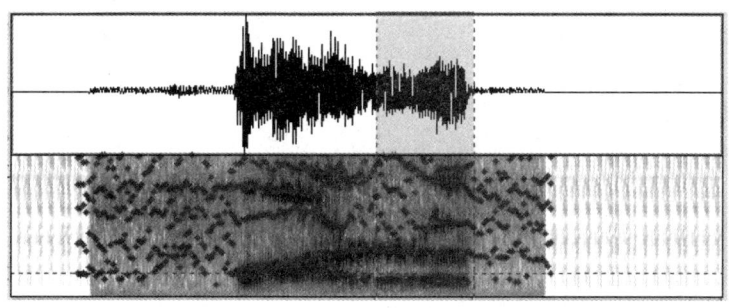

图 2.14　胡阳镇"法儿"语图

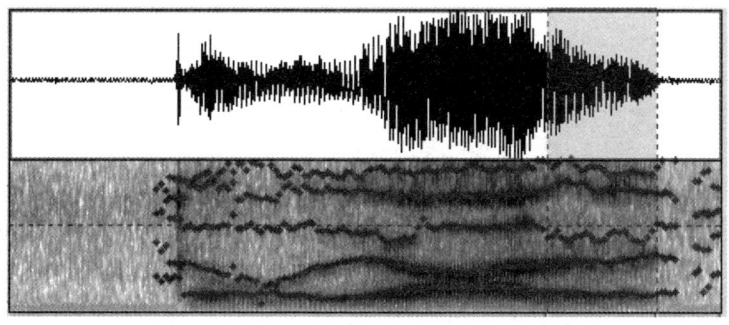

图 2.15　胡阳镇"豆芽儿"语图

---

① 曹志耘、王瑛、刘娟：《费县方言纪略》，《临沂师专学报》1989 年第 4 期。

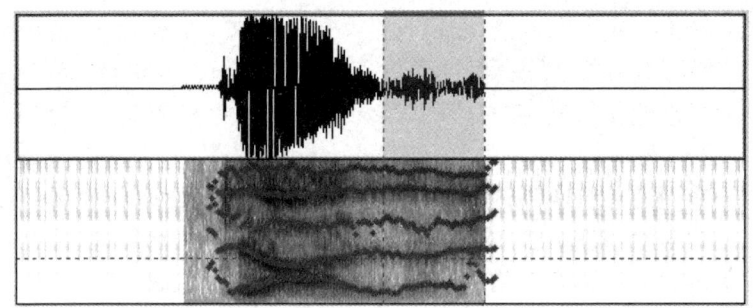

架 tɕia　　儿

图 2.16　胡阳镇"架儿"语图

		F1	F2	F3	F4	ms（时长：毫秒）
法儿	ɭ	655	1580	2591	3947	206
豆芽儿	ɭ	542	1635	2506	4029	170
架儿	ɭ	653	1728	2750	3885	206

　　在上面选取的胡阳镇三个样本"法儿、豆芽儿、架儿"语图中，首先引起我们注意的是它们的时长，可以看到，这三个词的"儿"时长都很长，分别是 206 毫秒、170 毫秒和 206 毫秒。前面我们分析 ɭ 声母时特别提到其时长问题，即卷舌边音 ɭ 声母因为可以自成音节，因此音长特征常常表现得十分突出，一般情况下其音长都可超过 100 毫秒，差不多相当于一个单音值单位。其次我们观察到在词尾儿音区范围内，前三个共振峰峰形平稳平直，基本上都呈现等距离平行排列的态势或走向。除此之外，从听感上我们也可以明确判断出其是卷舌边音 ɭ 声母无疑。那么是否就可判断此儿化读音词尾部分儿读卷舌边音 ɭ 了呢？为此我们滤去共振峰单从音强角度继续观察，详情见下面三幅图例：

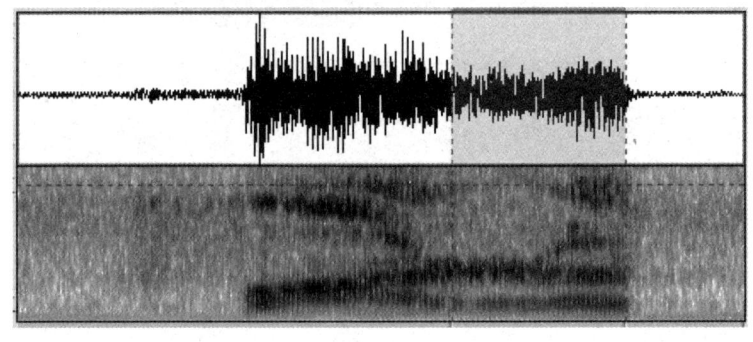

豆芽 touia　　儿

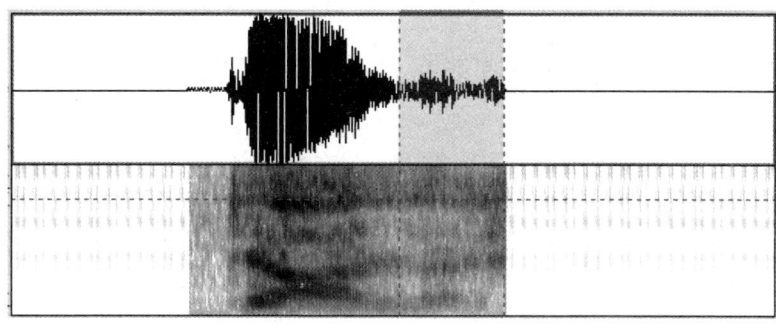
架 tɕia   儿

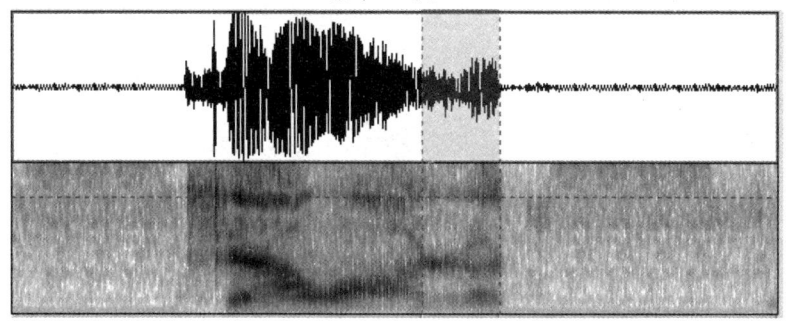
线袜 ɕiāwa   儿

图 2.17 胡阳镇样本"豆芽儿、架儿、线袜儿"语图

从音强角度观察，我们看到上面的三幅样本图"豆芽儿、架儿、线袜儿"在音强部分表现出很明显的两个强弱区域。从声波图上看，"豆芽儿、架儿、线袜儿"的词尾"儿"都有两个图形段，都呈现前面小后面大的形状，这表示前面的音强相对要小，而后面的部分音强要稍微大一些。这从它们的宽带图上看得更加清晰，从宽带图上看，"儿"音域部分前半部分可以观察到的共振峰大致只有两条，即第一和第二共振峰，上面的共振峰则模糊而无法辨别，可是到了后半段其音强部分明显加强，可以看到第三或第四共振峰，且后半部分的脉冲更加清晰，前半段的高频部分脉冲基本模糊成了一团。考虑到上面我们分析卷舌边音 ɭ 时曾将其与之身后的元音韵母进行过对比，提出相对而言后面的元音音强要比声母强，且脉冲也比声母清晰辨识度更高，因此，我们这里可以判断，儿化后词尾儿并不是单纯的一个单音值单位 ɭ，声母 ɭ 后还带有一个元音单位 ə，声母 ɭ 和其后韵母 ə 的音长基本相当，粗略观察上面三幅样本图也都反映了声母音段和韵母音段音长单位基本相当。

最后，我们可以得出的结论是：以胡阳镇的儿化读音为代表，在费县方言内还存在着一种特殊的儿化读音方式，即儿化词尾不读卷舌元音 ər/ɐ˞，其实际读音为 [ɭə]，如豆芽儿[tou³¹ia⁵³•ɭə]、法儿[fa⁴⁴•ɭə]、线袜儿[ɕiā³¹wa²¹³•ɭə]。

2.3 古知系声母今读研究

2.3.1 古知系声母演变的方言背景

古知庄章三组声母从中古到现代的演化的总体发展趋势是走向合并，由复杂走向简单，如北京官话已基本全部合并为 tṣ 组（少数字读 ts 组）。"不同方言由复杂到简单的演化有不同的方式，而每一种方式在不同的方言中又可能表现出阶段的不同。"① 山东地区"知庄章合一的现象是一种较为后起的演化现象，与河北的冀鲁官话以及河南等地的中原官话相同。扩散方向应该是由西向东进行的"②。"笼统地说，东区分为两套声母，西区多数合并为一套声母。"③ 西区（西鲁片）大部分县市合并多读为 ts、tsʰ、s 组④。

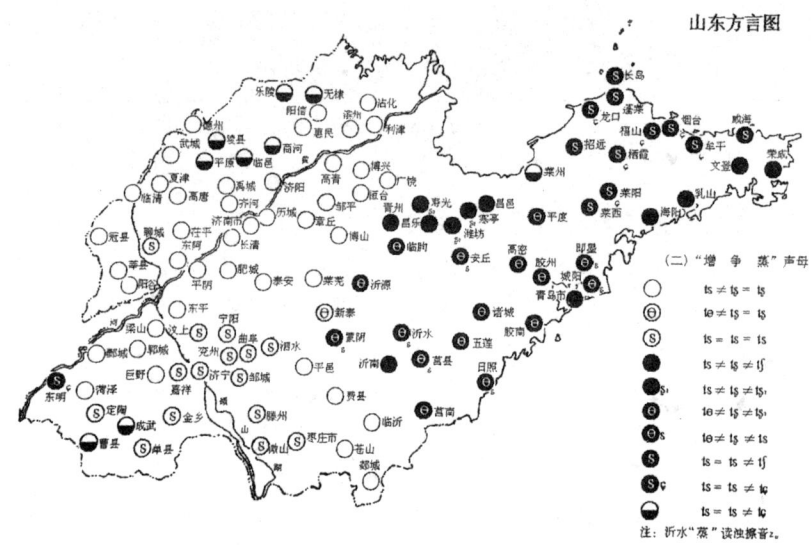

图 2.18 山东方言"增、争、蒸"声母类型分布图
注：图片来自《山东方言研究》2001⑤。

---

① 钱曾怡主编：《汉语官话方言研究》，齐鲁书社 2010 年版，第 24 页。
② 张树铮：《山东方言语音特征的扩散方向和历史层次》，《山东大学学报》（哲学社会科学版），2007 年第 5 期。
③ 钱曾怡主编：《山东方言研究》，齐鲁书社 2001 年版，第 43 页。
④ 钱曾怡主编：《山东方言研究》，齐鲁书社 2001 年版，第 118 页。
⑤ 钱曾怡主编：《山东方言研究》，齐鲁书社 2001 年版，第 118 页。

从上图可以看出，山东境内中原官话区这三组声母的演化情况同样也多表现得十分复杂，此三组声母在开口呼和合口呼前有的方言片已合并，如郑曹片已基本合并为 tṣ 组，信蚌片合并为 ts 组；另有一些方言片表现为二分，如汾河片在开口呼前读 ts 或 tṣ 组音，在合口呼前读 pf 组音；还有一些方言片表现为三分，如关中片在开口呼不同的摄前二分为 ts 组和 tṣ 组，在合口呼前读 pf 组音。

早期曹志耘等在《费县方言纪略》（1989）的说明中就曾提到"tṣ、tṣʰ、ṣ、ẓ"声母，县城里的年轻人发音部位较为靠前而带有舌叶音的色彩，只是在乡下有些地方读舌叶音[①]。由此可见，古知庄章在费县内部的具体表现并不是简单统一的，单一方言点费城镇内部就处在归并接近最后完成的过渡阶段，它们的过渡具体表现在：老派到新派的过渡和乡村、山区向城镇中心地区的过渡，这是因为，一般情况下相较于经济较为开放发达的中心城市或乡镇来说，越是经济落后、保守的山区或乡村其保留原始语音特征的现象就越多[②]。费县方言知庄章合一的过渡既有年龄层次和数量上的过渡（新老派间及新老发音人数上的对比），还有地域差别上的过渡（乡村向中心城镇）。其次，纵观整个中原官话方言和费县内部各乡镇情况可知古知庄章合并是大势所趋，那么未来当费县乡镇从整体上完成合并之势后，知庄章声母在费县内部不同的乡镇间将会并列存在 tṣ 组和 tʃ 组两套声母系统，其分布存在地域差异，至于未来各乡镇演化合并后下一步具体的演化趋势，我们将在后面做系统的分析和预测，不过目前有一个不容忽视的语言现象引起我们极大的关注，即是在普通话影响下许多方言的原有语音特征正在迅速地弱化消失，这在各地方言区内均有发现，是一种十分普遍的现象。普通话对方言的影响途径和程度，张树铮先生（1995）对此有过详细的解析，即它是通过跨时空、读书音、强势方言的间接影响等几个方式来施加具体作用的，在方言各构成要素中会有程度不一的作用影响，综合各方面考虑其在语音中的影响程度更甚[③]。方言就在接触方言和权威方言特别是普通话的多方面影响下，产生叠置式音变，"叠置式音变的结果是向权威方言靠拢"[④]。此外，还存在新派与老派间的语音差异问题，相对于老派的稳固性，新派发音人更容易受到外界因素的影响，年龄层次越低影响程度越大。

[①] 曹志耘、王瑛、刘娟：《费县方言纪略》，《临沂师专学报》1989 年第 4 期。
[②] 张树铮：《山东方言语音特征的扩散方向和历史层次》，《山东大学学报》（哲学社会科学版）2007 年第 5 期。
[③] 张树铮：《试论普通话对方言语音的影响》，《语言文字应用》1995 年第 4 期。
[④] 王洪君：《兼顾演变、推平和层次的汉语方言历史关系模型》，《方言》2009 年第 3 期。

因此，从大语言环境出发，可以预测古知庄章声母在新派发音人中将越来越向普通话演化靠拢，这种外因的强势影响是否会对知庄章声母的自然演化起到逆转性地干扰和引导作用值得我们将来做进一步的思考分析。下面先就费县内部知庄章组声母的分合情况做具体的分析。

2.3.2 费县方言古知庄章组声母的今读类型

总体来看，费县方言古知庄章组声母有一个特殊的读音，即是在合口呼前读齿唇音 pf、pfʰ、f，如"猪 pfu²¹³，窗 pfʰaŋ²¹³，书 fu²¹³"。不过目前此种读音相对较多地保留在老派发音人中，新派中发音多已改读与开口呼相应的卷舌音 tʂ、tʂʰ、ʂ 或舌叶音 tʃ、tʃʰ、ʃ。这种新派放弃齿唇音的现象在鲁南一带非常普遍，其主要原因是受到了普通话几十年来的强势影响。

古知庄章组声母逢开口呼的读音有两种类型：合一型和二分型。调查发现，目前有 15 个乡镇属于合一型，它们是：费城镇、方城镇、朱田镇、梁邱镇、新庄镇、刘庄镇、马庄镇、探沂镇、上冶镇、石井镇、胡阳镇、薛庄镇、南张庄乡、大田庄乡、芍药山乡；3 个乡镇属于二分型，它们是：城北乡、汪沟镇和新桥镇。

在合一型的 15 个乡镇中，费城镇和方城镇古知庄章组开口呼字读卷舌音 tʂ、tʂʰ、ʂ，如：支 tʂʅ²¹³=知 tʂʅ²¹³，愁 tʂʰou⁵³=仇 tʂʰou⁵³，生 ʂəŋ²¹³=声 ʂəŋ²¹³。其它 13 个乡镇朱田镇、梁邱镇、新庄镇、刘庄镇、马庄镇、探沂镇、上冶镇、石井镇、胡阳镇、薛庄镇、南张庄乡、大田庄乡、芍药山乡古知庄章开口呼字读舌叶音 tʃ、tʃʰ、ʃ，如：支 tʃʅ²¹³=知 tʃʅ²¹³，愁 tʃʰou⁵³=仇 tʃʰou⁵³，生 ʃəŋ²¹³=声 ʃəŋ²¹³。在二分型的 3 个乡镇城北乡、汪沟镇和新桥镇中，古知庄章组开口呼字二分为 tʂ、tʂʰ、ʂ 组和 tʃ、tʃʰ、ʃ 组。下文把今读卷舌音的称为"甲类"，今读舌叶音的称为"乙类"。请看表 2.2：

表 2.2　城北乡、汪沟镇、新桥镇古知庄章声母今读例字表

方言点	开口								合口		
	甲类				乙类				甲类	乙类	
	站 知咸二	庄 庄宕二	生 生梗二	支 章止三	声 书梗三	展 知山三	车 昌假三	愁 崇流三	税 书蟹三	书 书遇三	猪 知遇三
城北	tʂ	tʂ	ʂ	tʂ	ʂ	tʃ	tʃʰ	tʃʰ	f/ʂ	f/ʃ	pf/tʃ
汪沟	tʂ	tʂ	ʂ	tʂ	ʂ	tʃ	tʃʰ	tʃʰ	f/ʂ	f/ʃ	pf/tʃ
新桥	tʂ	tʂ	ʂ	tʂ	ʃ	tʃ	tʃʰ	tʃʰ	f/ʂ	f/ʃ	pf/tʃ

说明：知庄章拼合口呼时目前在此三地的新老派当中都存在着两类读音，即齿唇音和卷舌音甲类或舌叶音乙类，不过老派发音人使用齿唇音的频率却远高于新派发音人，且在新派发音人中齿唇音总体呈现弱化消失的趋势。此外，城北镇和汪沟镇"声梗开三"读甲类 ʂ 声，章组开口止摄之外的字混入了甲类，而这种混读现象从数量上看在城北、汪沟镇已大量存在；而新桥镇"声"发乙类 ʃ 声。

表 2.3　　　　　　　　　　新桥镇方言知庄章声母今读表

知										
站 假开二	茶 咸开二	赚 咸开二	叉 假开二	猪 遇合三	治 止开三	丑 流开三	沾 咸开三	展 山开三	转 山合三	追 止合三
tʂ	tʂʰ	tʂ	tʂʰ	tʃ	tʃ	tʃʰ	tʃ	tʃ	tʂ	tʂ

庄										
查 假开二	炸 假开二	沙 假开二	抓 效开二	找 效开二	山 山开二	窗 江开二	床 宕开三	事 止开三	皱 流开三	庄 宕开三
tʂʰ	tʂ	ʂ	tʂ	tʂ	ʂ	tʂʰ	tʂʰ	ʂ	tʂ	tʂ

章										
枝 止开三	试 止开三	锥 止合三	专 山合三	准 臻合三	冲 通合三	占 咸开三	遮 假开三	制 蟹开三	车 假开三	射 假开三
tʂ	ʂ	tʂ	tʂ	tʂ	tʂʰ	tʃ	tʃ	tʃ	tʃʰ	ʃ

通过表 2.2 和表 2.3 我们发现，相较于城北镇和汪沟镇知庄章组声母二分多存在甲乙类混入的现象，新桥镇二分的现象相对保留得较为整齐，也就是读甲类声母的字主要来自知组开口二等、合口三等遇摄以外的字，庄组全部字，章组止摄开口字和合口字；读乙类的字则主要来自知组开口三等字、合口三等遇摄字，章组开口止摄以外的字。此种二分读音和类型在山东境内属于东区读音类型。对比东区具体的类型分类，其与东区荣成型的读音变化十分相似，此外荣成型的读音类型从分布上看分布也较广，"包括荣成、文登、海阳、青岛、平度、胶南、胶州、日照、诸城、临朐、五莲等地"[①]，而费县正好位于此分布范围内。因此综合其读音类型和分布情况考虑，费县此三个乡镇知庄章二分的今读情况显示出其具有胶辽官话的性质特点。

费县内部知庄章组还有一类特殊的齿唇音 pf、pfʰ、f，因此，如果我们

---

① 钱曾怡主编：《山东方言研究》，齐鲁书社 2001 年版，第 44—45 页。

把合口呼的读音也算进来，那么费县方言内古知庄章组的类型实际上可以分为以下三类。

表 2.4　　　　费县古知庄章组声母今读类型表

类型	开口呼	合口呼	分布点
A	tʂ tʂʰ ʂ	pf pfʰ f	费城镇、方城镇
B	tʃ tʃʰ ʃ	pf pfʰ f	朱田镇、梁邱镇、新庄镇、刘庄镇、马庄镇、探沂镇、上冶镇、石井镇、胡阳镇、薛庄镇、南张庄乡、大田庄乡、芍药山乡
C	tʂ（甲） tʃ（乙）	pf pfʰ f	城北乡、汪沟镇、新桥镇

○ tʂ
⊖ tʃ
⊕ tʂ : tʃ

⊖大田庄
⊖上冶
⊖南张庄
⊖薛庄
⊕城北
⊖胡阳　○方城　⊕汪沟
○费县（费城）
⊕新桥
⊖探沂
⊖朱田
⊖芍药山
⊖马庄　⊖刘庄
⊖梁邱
⊖新庄
⊖石井

图 2.19　费县方言古知庄章组声母开口呼前的读音

2.3.3 从比较看费县方言古知庄章组声母开口呼的演变

费县方言中知庄章组声母的这种状况，并不是孤立的现象，而是与周边地区的方言有联系的。从费县周边方言古知庄章组声母的分合来看，基本情况是：其西、北、南三面是知庄章合一的地区，而东面是知庄章二分的地区。如果暂不考虑合口呼前的变化，可参见图 2.20 所示临沂辖区内十二个区县知庄章组声母的读音和分布情况。

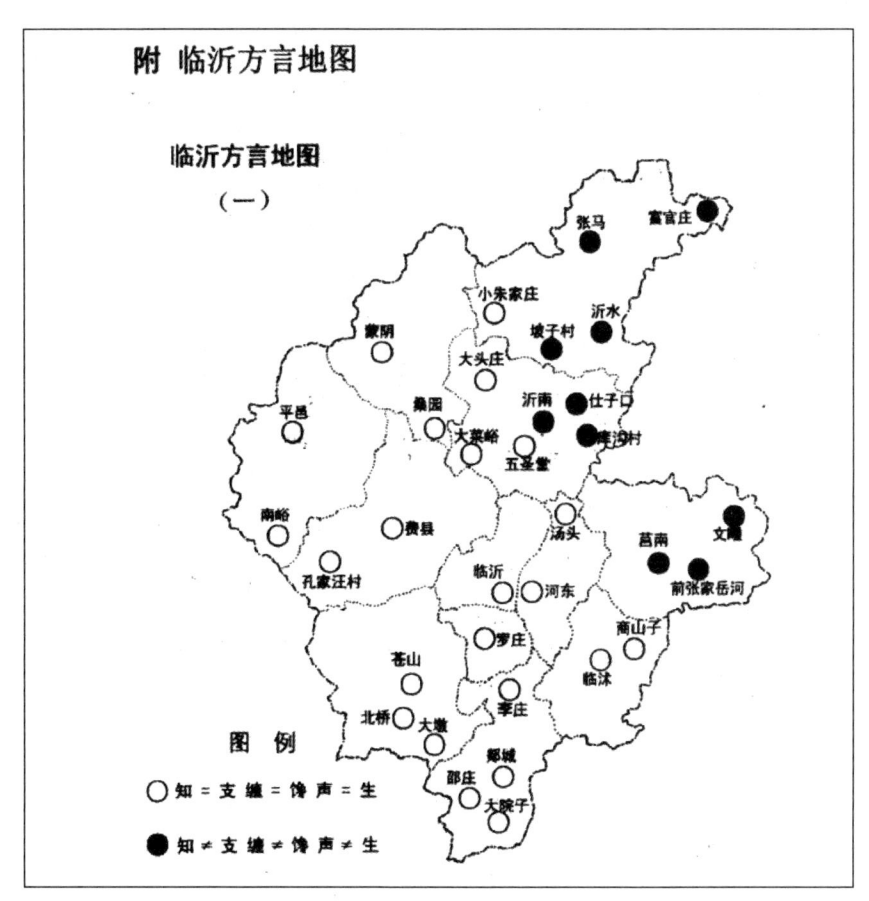

图 2.20 临沂地区方言古知庄章组声母的读音
注：图片来自《临沂方言志》①。

从图 2.20 可以看出，费县北部的蒙阴、西部的平邑、南部的苍山、郯城古知庄章三组声母已合并完毕，蒙阴、平邑、苍山合并为 tʃ 组，平邑在

---

① 马静、吴永焕：《临沂方言志》，齐鲁书社 2003 年版，第 11 页。

《临沂方言志》中虽记为 tʂ 组，但后面书中也承认该组声母的发音舌位较为靠前，故改为记作 tʃ 组；郯城则合并为 tʂ 组。费县东边的临沂兰山区、河东区、临沭也合并为 tʂ 组。只有临沂东部的莒南以及费县东北部的沂南（中东部）、沂水等知庄章声母二分，其中莒南和沂南这三组声母二分为 tʂ 组和 tʃ 组；沂水则较为特殊，演化成了 tʂ 组和 z、tsʰ、s 组（z 相当于一般的 ts）。此外，费县以西、上图中未标示出来的枣庄市山亭区和滕州市，其古知庄章组声母在开口呼前也是合一的，只不过都读成了 ts、tsʰ、s（合口呼前读齿唇音）。

知庄章组声母二分是山东东区方言（胶辽官话）的标志性特征，也是更为古老的语音特征。知庄章二分的沂水、莒南和沂南因而属于山东东区方言。但是从地域上看，沂南的西南部知庄章已经合一；费县内保留知庄章二分的方言点中，汪沟、新桥与沂南西南部和临沂市兰山区（原临沂县）相接，而这两地都是知庄章已经合一的方言；更值得注意的是城北一点，不仅远离外县，与县内的汪沟、新桥也不相连。也就是说，费县内保留知庄章二分的方言点缺乏与知庄章二分地区的直接地域联系。考虑到知庄章二分是更为古老的音韵特征，加以山东省内知庄章合一由西向东扩散的总体趋势，我们可以认为，费县三个方言点保留知庄章二分，反映的是一种残留现象。

我们说这三个点反映的是残留现象，还可以从这三个点知庄章组声母的读音看出，因为这些点知庄章组声母二分的规律已经有些淆乱，既不同于中原官话中知庄章二分的规律，也不同于胶辽官话中知庄章二分的规律。

一般情况下，中原官话里古知庄章三组声母的古今对应规律是：古知庄章组二分型主要是开口知二、庄组和章组止摄字演变为甲类 tʂ 声母，知三、章组止摄以外字为乙类 tʃ 声母，而在费县知庄章二分的三个乡镇中，有一些知三章部分韵摄的字读甲类 tʂ 声母，并入了知二章组中，如（城北乡）张宕开三=丈 tʂ≠知 tʃ，商宕开三=上 ʂ≠手流开三 ʃ；（汪沟镇）张宕开三=赵效开三 tʂ≠站咸开三 tʃ；（新桥镇）迟止开三=池 tsʰ≠丑流开三 tʃʰ 等，而对比这三个乡镇的混读情况，我们发现城北乡和汪沟镇的合并混入现象数量上较多，而新桥镇并入的情况则相对较少。

这种现象从目前费县方言的整体发展情况来分析，其原因更多的应是演化合并的自然结果，即知庄章组声母已发生合并现象，在费县城北乡、汪沟镇和新桥镇的具体合并趋势是由乙类 tʃ 声母向甲类 tʂ 声母进行过渡合并，目前这种过渡体现在乙类字混入甲类字的具体字数上，即量变已经开始，最终将完成由量变到质变的变化从而最终完成此类演变的合并过程；此外在新派发音人中，不排除它们还可能是因为受到普通话的强势影响而向北京话知系字 tʂ 声母混杂靠拢的结果。在推广普通话几十年的影响下，费县老派在读书音影响下，特别是新派的发音现已越来越多地向普通话靠拢，致使许多特色方音随着接触影响正在被侵蚀并且快速地演化消失了。

知庄章组声母由二分向合一演变，除了外部的影响之外，还有语音系统内部的原因。从音类的角度来说，在外来影响产生的变化中，合并要比分化容易。因为合并只需把某一类的音读成另一类即可，是一个比较简单的过程；而分化则要把原来读成一致的读音分成两类，其具体条件一般人并不清楚，需要逐字记忆，因此也常常出现错误类推把不该读成另一类的字也读成了另一类。例如在胶辽官话中，日母字一般读零声母，"肉"音"右"，但在学习普通话时有时会把"右"也发成[ʐou]。从音值的角度来看，费县方言中的舌叶音 tʃ 组与舌尖后音 tʂ 组发音部位相近，合并起来也比较容易。

2.3.4 从比较看知庄章组声母合口呼前的演变

费县方言中知庄章声母在合口呼前比较整齐地读成齿唇音，这种现象并非费县所独具，而是在鲁南地区比较普遍地存在，在鲁西南的菏泽一带也有所表现。结合图 2.21，我们可以看出，古知庄章组声母在合口呼前读齿唇音声母的分布情况。

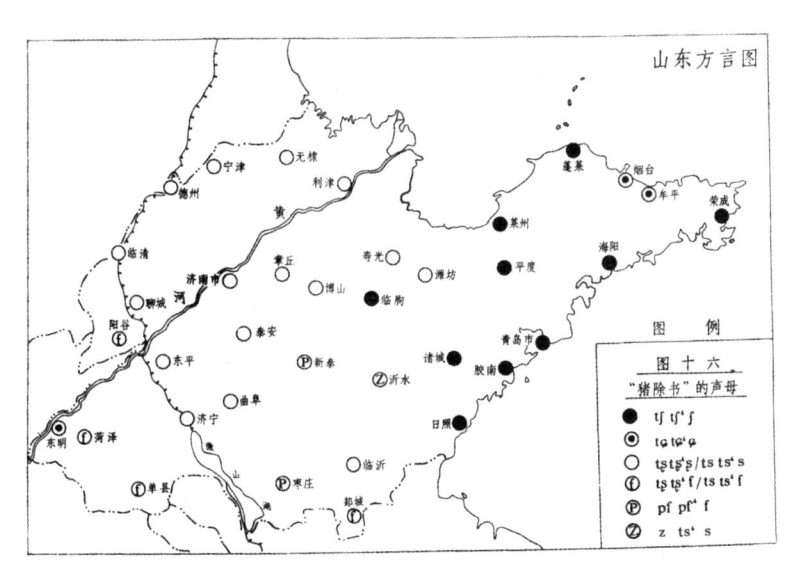

图 2.21　山东方言"猪除书"的声母

注：图片来自《山东省志·方言志》①。

---

① 殷焕先主编：《山东省志·方言志》，山东人民出版社 1995 年版，第 39 页。

尽管图 2.21 只列出了 36 个点，但大体可以反映出山东方言中古知庄章组声母在合口呼前读齿唇音的分布情况及地域：新泰和枣庄两点，知庄章组字在合口呼前整齐地读成齿唇音 pf、pfʰ、f；阳谷、菏泽、单县、郯城四点，塞擦音读成 ts、tsʰ 或 tṣ、tṣʰ，只有擦音读齿唇音 f。山东其他地方都没有古知庄章声母合口呼前读齿唇音的现象。据我们掌握的材料，通过补充一些点之后可以把图 2.21 改制如下：

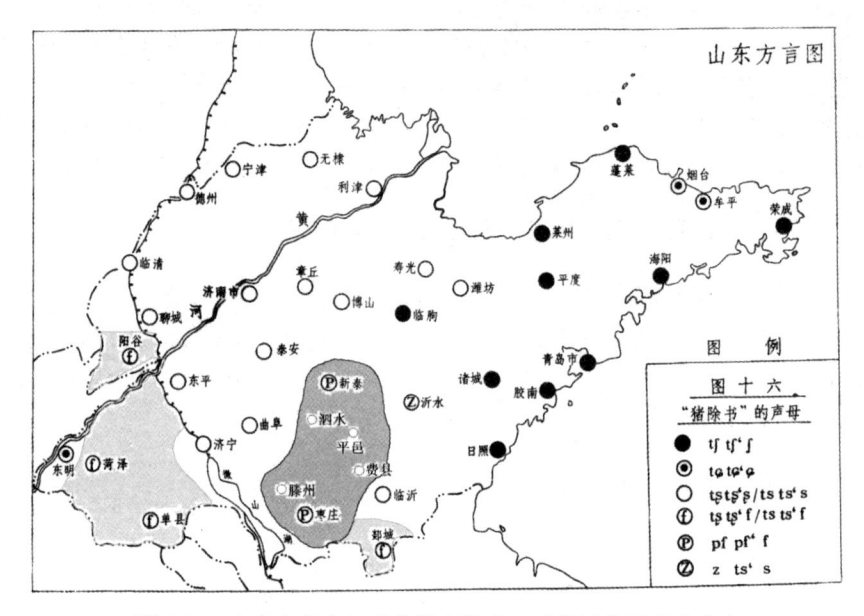

图 2.22　山东方言中知庄章组声母合口呼前读齿唇音的分布

图 2.22 用黑线标出的区域，是知庄章组声母在合口呼前整齐读齿唇音的地方，而用黄色（浅灰色）标记的区域，是只有擦音读齿唇音（f）的地方。

上面所说的"合口呼"首先是就今音而言的。从古音来看，一般情况下，pf 类声母拼的也是中古的合口二、三等韵，但也有例外，这就是中古属开口韵的阳韵系和江韵系。如（不计声调）：床（宕开三）pfʰaŋ=窗 pfʰaŋ（江开二）=疮 pfʰaŋ（宕开三）=撞（江开二）pfʰaŋ，装（宕开三）pfaŋ，双（江开二）faŋ。因此，可以推断 pf 类声母出现的年代应在"知组声母依等、开合口分别并入庄章组和宕江两摄合流而且知庄组的韵母变为合口呼之后"[①]，故李新魁先生据此推断这类声母产生的时间最早应不超过元

[①] 钱曾怡主编：《汉语官话方言研究》，齐鲁书社 2010 年版，第 173 页。

代①,而根据其他学者的相关研究可以认定中原官话关中片和汾河片方言古知系字今读唇齿呼声母的现象最晚应产生于 19 世纪中叶②。至于此类声母的扩散方向,"从分布的普遍性和保留的完整性来看,pf 类声母在其他方言里的分布当是中原官话关中片和汾河片(古秦晋方言)以黄河和河西走廊为自然条件向东西两翼延伸的结果"③。

由于种种原因,知庄章声母逢合口呼读齿唇音的现象目前还缺乏足够的历史文献资料,目前对此类声母产生的年代和成因只能根据逻辑推演出几种可能性或假设。有些学者认为其地域性分布的结果是由人口迁徙造成的,但也有学者认为这仅仅只是一种类型上的巧合,彼此之间是独立发展的体系。我们认为,费县方言里的 pf 类声母与人口迁徙的关系目前看还不能排除。一、移民传说有广泛的群众基础,鲁西南、河南等地民间都有广泛流传。费县本地也有不少人有自己的祖上是明初从山西洪洞、喜鹊窝等地移民至此的说法。二、有些史料也能够证明历史上特别是明初以来的大量移民情况。《移民·山东人·山东民俗》对明初山西至山东的移民潮曾有详细的描述④。《费县旧志资料汇编》里"杨公生祠碑"中记载明朝万历三年,山西阳曲人杨果上任费县知县,其上任时费县"十室九空",杨果招来流民八千八百五十余户。文献里虽没有详细说明这八千多户流民具体来自哪里,但据费县本地不少家谱记录,大多来自山西。至于山东其他地区也有移民,为什么大部分地区没有知庄章组合口读齿唇音的现象?这可以解释为移民来源不同,因为山西话中也主要是属于中原官话汾河片的地区才有这种现象,来自山西其他地区的移民当然不会带有这种特点。

需要注意的是,如前文图例所示,从新泰到平邑、费县、泗水、滕州、枣庄这一带是古知系字逢合口读齿唇音最整齐的地区,而其东的郯城、特别是其西的菏泽一带,只有擦音才读齿唇音。这就提出了一个问题:是枣庄、费县这一带保留了原先的整齐现象而菏泽等地后来变得残缺不齐了呢,还是说齿唇化现象原来只有在擦音中发生(菏泽等地仍保留这种状态),后来在枣庄、费县等地进一步发展成为系统的齿唇音的?更简单地说,枣庄、费县一带整齐的齿唇化与菏泽等地不整齐的齿唇化哪个更为古老?从方言间的差异来看,擦音确实表现出了与塞擦音不同步的现象,因此说齿唇

---

① 钱曾怡主编:《汉语官话方言研究》,齐鲁书社 2010 年版,第 173 页。
② 陈荣泽:《汉语方言中 pf 类声母研究综述》,《西藏民族学院学报》(哲学社会科学版)2007 年第 4 期。
③ 钱曾怡主编:《汉语官话方言研究》,齐鲁书社 2010 年版,第 173—174 页。
④ 叶涛:《移民·山东人·山东民俗》,《东岳论丛》1997 年第 6 期。

化先发生在擦音也是有可能的。但是，从疑似的齿唇化发源地晋南汾河片或关中片来看，那里的齿唇化都是塞擦音和擦音俱全的，如果说是那里的移民带过来的这种现象，那么鲁南鲁西南的齿唇化最早也应该是整齐的。

在费县方言内部，是否也发现此类齿唇音存在内部差异？首先是新派在读书音的影响下已很少再发此类齿唇音；其次是也有地域差异。大致说来，费县东部、东南部接近兰山区的一些乡镇古知系声母在拼合口呼韵母时多不发 pf、pfʰ、f；而在北部、中部、南部的老派发音人中则多有保留，新派基本不发此类声母；只有西部的朱田、梁邱、南许家崖等地在新派和老派的日常交际中仍多保留 pf、pfʰ、f。这种地域差异与费县四周的方言环境有关。请看图 2.23：

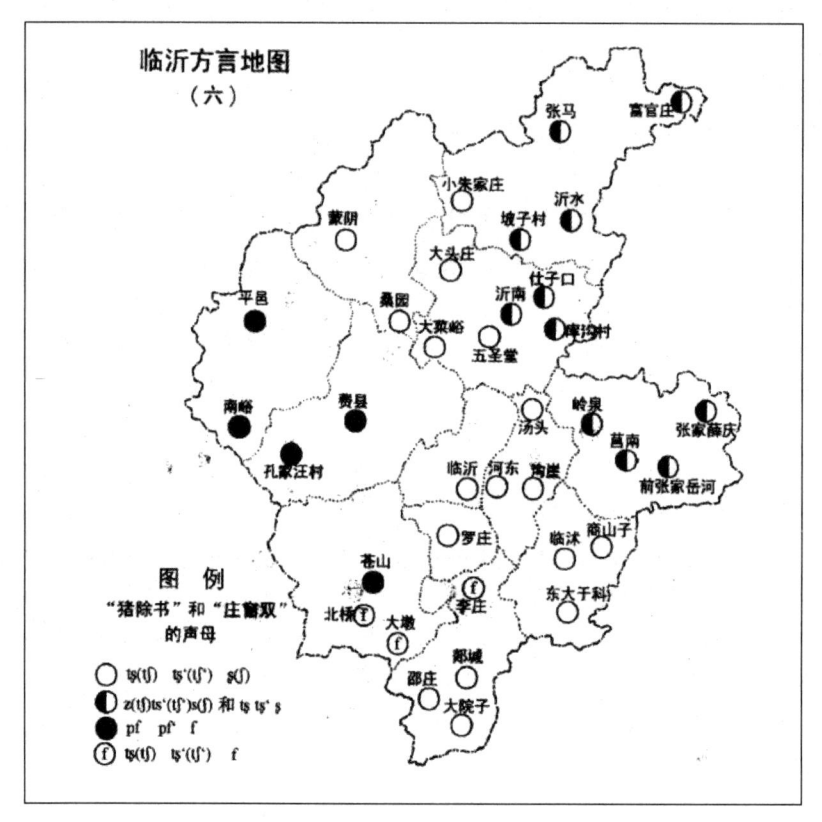

图 2.23　临沂"猪除书、庄窗双"声母分布图

注：图片来自《临沂方言志》①。

---

① 马静、吴永焕：《临沂方言志》，齐鲁书社 2003 年版，第 16 页。

可见，费县的北部（东北部）、东部是古知系字合口不读齿唇音的地区，而西部南部则是读齿唇音的地区。与古知系字合口读齿唇音地区相接的地方，老派和新派的齿唇音都比较稳定；而与古知系字合口不读齿唇音地区相连的地方，或者老派也不读齿唇音，或者老派读而新派不读齿唇音。

2.4 尖团音今读研究

官话方言大部分的方言是不分尖团的，区分尖团的方言主要分布在胶辽官话、中原官话和晋语官话中。虽然其方言数量所占的比例很小，但是其反映出，"官话方言区的一些方言正处于尖团由分到不分的过渡阶段"[①]。费县方言内部的尖团分合情况就正好表现出明显的过渡发展趋势。

2.4.1 费县方言尖团音的分合及其读音

费县方言内部现有 10 个乡镇尖团混合，已完成由分立向合并演化的发展过程；但仍有八个乡镇的尖团仍有分立的现象存在，还未完成归并合一的过程。

不分尖团的方言中又有两种类型。一种是合并为 tɕ、tɕʰ、ɕ 组：精 tɕ=经 tɕ，齐 tɕʰ=旗 tɕʰ，修 ɕ=休 ɕ，包括了其中七个乡镇，它们分别是大田庄乡、上冶镇、南张庄乡、薛庄镇、费城镇、梁邱镇、石井镇。一种是合并为 tʃ、tʃʰ、ʃ 组：精 tʃ=经 tʃ，齐 tʃʰ=旗 tʃʰ，修 ʃ=休 ʃ，共有三个乡镇，分别是朱田镇、新庄镇和方城镇。

尖团分立的方言也有两种类型。一种是 tʃ 组-tɕ 组的对立，精组读 tʃ 组，见组读 tɕ 组。城北乡、胡阳镇、汪沟镇、探沂镇、芍药山乡、马庄镇六个乡镇属于本类。如：精 tʃiŋ²¹³≠经 tɕiŋ²¹³，齐 tʃʰi⁵³≠旗 tɕʰi⁵³，修 ʃiou⁴⁴≠休 ɕiou⁴⁴。另一种是 tʃ 组和 tɕ 组的对立、tθ 组-tɕ 组两组尖团的对立：与上面提到的三个尖团分立的乡镇相比，刘庄镇和新桥镇的尖团分立情况要更为复杂一点，具体表现为两组尖团声母的对立，即 tʃ 组-tɕ 组，酒 tʃiou⁴⁴≠九 tɕiou⁴⁴，秋 tʃʰiou²¹³≠丘 tɕʰiou²¹³，旋 ʃyã⁵³≠玄 ɕyã⁵³；tθ 组-tɕ 组，俊 tθuẽ³¹²≠郡 tɕyẽ³¹²，亲 tθʰẽ²¹³≠钦 tɕʰiẽ²¹³，新 tθẽ²¹³≠欣 ɕiẽ²¹³。此处，此类齿间音声母在拼细音韵母时韵母由细音变成了洪音，而声母不变或者是跟从 ts 类变成了齿间音。

---

① 钱曾怡主编：《汉语官话方言研究》，齐鲁书社 2010 年版，第 20 页。

表 2.5　　　　　　　　费县乡镇尖团分合类型

分合	小类	尖音	团音	分布点
合一	A	tɕ tɕʰ ɕ		大田庄乡、上冶镇、南张庄乡、薛庄镇、费城镇、梁邱镇、石井镇
合一	B	tʃ tʃʰ ʃ		朱田镇、新庄镇、方城镇
二分	C	tʃ 组	tɕ 组	城北乡、胡阳镇、汪沟镇、探沂镇、芍药山乡、马庄镇
二分	D	tʃ 组 / tθ 组	tɕ 组	刘庄镇、新桥镇

下面是尖团分合不同类型的例字表和分布图。

表 2.6　　　　　　　　费县尖团分立声母今读例字表

方言点	尖音							团音						
	精	俊	秋	亲	修	全	新	旋	经	郡	丘	钦	休	权	欣	玄
大田庄乡	tɕ	tɕ	tɕʰ	tɕʰ	ɕ	tɕ	ɕ	ɕ	tɕ	tɕ	tɕʰ	tɕʰ	ɕ	tɕʰ	ɕ	ɕ
上冶镇	tɕ	tɕ	tɕʰ	tɕʰ	ɕ	tɕ	ɕ	ɕ	tɕ	tɕ	tɕʰ	tɕʰ	ɕ	tɕʰ	ɕ	ɕ
南张庄乡	tɕ	tɕ	tɕʰ	tɕʰ	ɕ	tɕ	ɕ	ɕ	tɕ	tɕ	tɕʰ	tɕʰ	ɕ	tɕʰ	ɕ	ɕ
薛庄镇	tɕ	tɕ	tɕʰ	tɕʰ	ɕ	tɕ	ɕ	ɕ	tɕ	tɕ	tɕʰ	tɕʰ	ɕ	tɕʰ	ɕ	ɕ
城北乡	tʃ	tʃ	tʃʰ	tʃʰ	ʃ	tʃʰ	ʃ	ʃ	tɕ	tɕ	tɕʰ	tɕʰ	ɕ	tɕʰ	ɕ	ɕ
朱田镇	tʃ	tʃ	tʃʰ	tʃʰ	ʃ	tʃ	ʃ	ʃ	tʃ	tʃ	tʃʰ	tʃʰ	ʃ	tʃʰ	ʃ	ʃ
费城镇	tɕ	tɕ	tɕʰ	tɕʰ	ɕ	tɕ	ɕ	ɕ	tɕ	tɕ	tɕʰ	tɕʰ	ɕ	tɕʰ	ɕ	ɕ
胡阳镇	tʃ	tʃ	tʃʰ	tʃʰ	ʃ	tʃ	ʃ	ʃ	tɕ	tɕ	tɕʰ	tɕʰ	ɕ	tɕʰ	ɕ	ɕ
方城镇	tʃ	tʃ	tʃʰ	tʃʰ	ʃ	tʃ	ʃ	ʃ	tʃ	tʃ	tʃʰ	tʃʰ	ʃ	tʃʰ	ʃ	ʃ
汪沟镇	tʃ	tʃ	tʃʰ	tʃʰ	ʃ	tʃ	ʃ	ʃ	tɕ	tɕ	tɕʰ	tɕʰ	ɕ	tɕʰ	ɕ	ɕ
新桥镇	tʃ	tθ	tʃʰ	tθʰ	ʃ	θ	ʃ	ʃ	tɕ	tɕ	tɕʰ	tɕʰ	ɕ	tɕʰ	ɕ	ɕ
探沂镇	tʃ	tʃ	tʃʰ	tʃʰ	ʃ	tʃ	ʃ	ʃ	tɕ	tɕ	tɕʰ	tɕʰ	ɕ	tɕʰ	ɕ	ɕ
芍药山乡	tʃ	tʃ	tʃʰ	tʃʰ	ʃ	tʃ	ʃ	ʃ	tɕ	tɕ	tɕʰ	tɕʰ	ɕ	tɕʰ	ɕ	ɕ
梁邱镇	tɕ	tɕ	tɕʰ	tɕʰ	ɕ	tɕ	ɕ	ɕ	tɕ	tɕ	tɕʰ	tɕʰ	ɕ	tɕʰ	ɕ	ɕ
刘庄镇	tʃ	tθ	tʃʰ	tθʰ	ʃ	θ	ʃ	ʃ	tɕ	tɕ	tɕʰ	tɕʰ	ɕ	tɕʰ	ɕ	ɕ
马庄镇	tʃ	tʃ	tʃʰ	tʃʰ	ʃ	tʃ	ʃ	ʃ	tɕ	tɕ	tɕʰ	tɕʰ	ɕ	tɕʰ	ɕ	ɕ
新庄镇	tʃ	tʃ	tʃʰ	tʃʰ	ʃ	tʃ	ʃ	ʃ	tʃ	tʃ	tʃʰ	tʃʰ	ʃ	tʃʰ	ʃ	ʃ
石井镇	tɕ	tɕ	tɕʰ	tɕʰ	ɕ	tɕ	ɕ	ɕ	tɕ	tɕ	tɕʰ	tɕʰ	ɕ	tɕʰ	ɕ	ɕ

图 2.24　费县方言尖团音的分合

2.4.2　费县方言尖团音分合与周边方言的关系

费县保留着尖团分立的 8 个乡镇，主要集中在费县东部和东南部靠近与临沂兰山区一带，而兰山区方言是区分尖团的。据《临沂方言志》，临沂兰山区精组细音字今读 ts 组，而见组细音字今读 tɕ 组。如：精 ts≠经 tɕ，齐 tsʰ≠旗 tɕʰ，修 s≠休 ɕ。不过，我们还注意到它还提到其尖团虽有别但差别较小，有的发音人 ts、tsʰ、s 的舌位稍后，但不到 tɕ、tɕʰ、ɕ[①]。这与费县方言 8 个乡镇的尖团音音值也是类似的，因为费县这 8 个乡镇的尖团分立主要表现为 tʃ 组和 tɕ 组的对立，即：精 tʃ≠经 tɕ，齐 tʃʰ≠旗 tɕʰ，修 ʃ≠休 ɕ，而舌叶音 tʃ 组的发音部位正好介于 ts 组与 tɕ 组之间。再来看临沂辖区内的尖团分合和分布情况。

---

① 马静、吴永焕：《临沂方言志》，齐鲁书社 2003 年版，第 26 页。

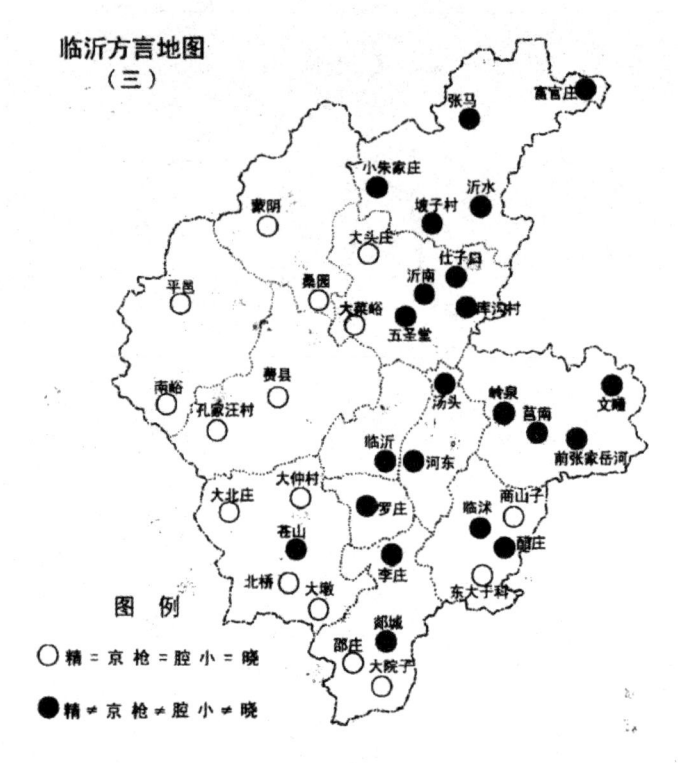

图 2.25　临沂市尖团音分立情形

注：图片来自《临沂方言志》[①]。

具体来说，费县西边的平邑、北边的蒙阴精见两组字均不分尖团；不过东北部的沂南、沂水不但区分尖团，即精 ts≠经 tɕ 的对立，而且其中沂水的尖团发音还较为特殊，它的尖音为 z、tsʰ、s，团音为 tɕ、tɕʰ、ɕ；东部的临沂兰山区的尖团表现是精 ts≠经 tɕ 的对立；至于南部的苍山则是新派基本不分尖团，只有老派发音仍保留尖团精 ts≠经 tɕ 分立的现象[②]。由此可见，费县方言尖团分立的地区是与县外尖团分立地区相连的，并且在音值上也比较接近。

2.4.3　关于尖团音演变的问题

关于精组（细音）和见晓组（团音）声母的演化，钱曾怡先生（2012）对此有十分清晰的解析："见晓组和精组由舌根音或舌尖前音发生音变的动因是细音韵母，是由于舌面前高元音（古开口三四等和见晓组二等字）

[①] 马静、吴永焕：《临沂方言志》，齐鲁书社 2003 年版，第 13 页。

[②] 马静、吴永焕：《临沂方言志》，齐鲁书社 2003 年版，第 26—74 页。

跟太靠后（舌根）或太靠前（舌尖前）的辅音拼合不便，是韵母牵动了声母发音部位的变化。在山东分尖团的方言中，半岛东端的荣成等地，是最原始的一种尖团读音，表现为精组不变，见晓组进一步读为舌面前音，精组字也开始舌面变化。"①其演变过程大致是：

见晓组（团音）k、kʰ、x→c、cʰ、ç→tɕ、tɕʰ、ɕ→tʃ、tʃʰ、ʃ（或ts、tsʰ、s）
精　　组（细音）ts、tsʰ、s→①tɕ、tɕʰ、ɕ（或t、tʰ、ç）→tʃ、tʃʰ、ʃ
　　　　　　　　　　　　　　②tθ、tθʰ、θ②

不过，从费县方言的情况来看，tɕ、tɕʰ、ɕ与tʃ、tʃʰ、ʃ两种音值究竟孰前孰后似乎还有讨论的必要。

一般认为，在尖团音合并的过程中，来自见组的团音字颚化在先，来自精组的尖音字颚化在后。这从许多山东方言尖音仍读ts、tsʰ、s而团音已经读tɕ、tɕʰ、ɕ可以得到证明，也可以从山东东区东莱片（及东潍片中靠近东莱片的一些地方）尖音仍读ts、tsʰ、s而团音已经由古音k、kʰ、x变为舌面中音c、cʰ、ç得到支持。但是，语音的演变在不同的地域往往有不同的过程和规律，也有相反的证据说明，在有些地方的方言中，尖音的颚化要早于（起码可以说是演变程度要快于）团音。例如在烟台、牟平方言中，团音字读c、cʰ、ç而尖音字读tɕ、tɕʰ、ɕ（《山东省志·方言志》）。团音字读c、cʰ、ç显示出见组细音已经开始由于受到细音介音的影响而发音部位前移，但是还没有变成舌面前音tɕ、tɕʰ、ɕ；而尖音字读tɕ、tɕʰ、ɕ却表示尖音字已经先于团音字完成了向舌面前音的变化。也就是说，在判断尖音字和团音字的变化先后次序时，还需要结合具体方言的具体情况来进行。至于诸城方言中尖音字读舌面前音t、tʰ、ç而团音字读tʃ、tʃʰ、ʃ的情况就更为复杂了，这里不做讨论。

费县方言中的tɕ、tɕʰ、ɕ只对应于团音或尖团合并后的音类，而tʃ、tʃʰ、ʃ则对应于两种音类：一种是尖音（与团音的tɕ、tɕʰ、ɕ构成对立），一种是尖团合并后的音类（请参见表2.5）。从尖团分立的方言来看，团音都读成tɕ、tɕʰ、ɕ，而tʃ、tʃʰ、ʃ和ts、tsʰ、s的发音比较接近，所以我们认为，这说明这些方言中团音的变化已经完成而尖音由ts、tsʰ、s向tɕ、tɕʰ、ɕ的演化还处于发展之中。换言之，tɕ、tɕʰ、ɕ的变化在先，tʃ、tʃʰ、ʃ的变化在后，将来的趋势应该是tʃ、tʃʰ、ʃ→tɕ、tɕʰ、ɕ。而从尖团已经合并的方言来看，

---

① 钱曾怡：《从现代山东方言的共时语音现象看其历时演变的轨迹》，《汉语学报》2012年第2期。

② 钱曾怡：《从现代山东方言的共时语音现象看其历时演变的轨迹》，《汉语学报》2012年第2期。

情形就没有那么清楚了。从团音古读舌根音 k、kʰ、x 来看，舌根音 k 受舌面前高元音 i 或 y 的影响部位前移逐渐变为舌面中音 c 再变为舌面前音 tɕ 是合乎音理的演变过程，所以费县内大部分地区的团音都读 tɕ、tɕʰ、ɕ 是符合这一规律的。但是，少数点（朱田、新庄、方城）却在尖团合并后读成 tʃ、tʃʰ、ʃ，却就令人费解了。如果设想尖音字先变，读成 tʃ、tʃʰ、ʃ，团音字后变，由 k、kʰ、x 或 c、cʰ、ç 变为 tʃ、tʃʰ、ʃ，这从音理上来看是很不合理的，因为 k、kʰ、x 或 c、cʰ、ç 要直接变为既不同部位（舌面→舌叶）又不同方法（塞音→塞擦音）的读音是很困难的。所以，还是应该假定这几个点中尖团音合并后读 tɕ、tɕʰ、ɕ，然后受其他方言影响而把尖团音字都读成了 tʃ、tʃʰ、ʃ。即：

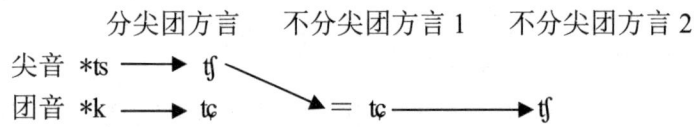

```
            分尖团方言      不分尖团方言 1      不分尖团方言 2
尖音  *ts ──→ tʃ ↘
                              = tɕ ───────→ tʃ
团音  *k  ──→ tɕ ↗
```

总之，费县方言中的舌叶音声母在尖团音的演变序列中具有两种性质：一种是尖音在向舌面前音发展、与团音合并之前的过渡形态，一种是尖团音合并后由舌面前音进一步变化而成的结果。这两种性质的舌叶音分布在不同的地区，并不矛盾。特别值得注意的是，不分尖团而统读舌叶音的三个点（朱田、新庄、方城）在地理上并不相邻，但都是处在分尖团与不分尖团的交界地区（请参看图 2.25）。这说明：①这三个点尖团音统读舌叶音是相对独立发生的现象，相互之间没有直接关系。②这三个不分尖团的点受到了区分尖团而尖音读舌叶音的邻近地区的影响；但这种影响一定是发生在尖团音已经合并之后，否则团音字不会全部都混进来。从普通话具有越来越大的影响来推测，这几个点尖团音读舌叶音的现象很可能会发生折返的变化：重新读回与普通话相同的舌面前音。

2.5 古日母今读研究

古日母字在普通话中分化为两类，一类是止摄开口日母字今读零声母 ɚ，如"儿、二、耳"；另一类是止摄开口之外的日母字今读 ʐ 声母，如"日、惹、染"。此外，还有少数来源于古禅母、疑母、云母和以母等声母的字在普通话中也今读 ʐ 声母从而与日母字合流，如荣（云母）、锐容融熔（以母）、瑞（禅母）等。这种情形在北方方言中是很有代表性的。所以，我们讨论古日母读音的时候，一般涉及三类情况：A．止摄开口之外的日母字（以下简称"人"类）；B．止摄开口日母字（以下简称

"儿"类）；C. 非日母但今与日母合流的字（以下简称"容"类）。C 类虽非日母来源，但其与日母合流后的变化有与日母字相同的地方，所以也需进行观察。

2.5.1 费县方言日母字的今读

第二章列出的费城镇方言声母系统中，"人"类字读 ʐ，"儿"类字读 ɭ（新派读零声母）。不过其他乡镇并非尽然。除了方城镇与费城镇相同之外，其他各乡镇普遍的规律是：止摄开口字同费城，非止摄开口字开口读 ʐ，合口读 v。其类型如表 2.7 和表 2.8。

表 2.7　　　　　　　　费县古日母字今读类型比较表

例字	人	如	儿	方言点
类型	ʐ		ɭ（老）/ ∅（新）	费城镇、方城镇
	ʐ	v（老） ʐ（新）	ɭ（老）/ ∅（新）	朱田镇、梁邱镇、新庄镇、刘庄镇、马庄镇、探沂镇、上冶镇、石井镇、胡阳镇、薛庄镇、南张庄乡、大田庄乡、芍药山乡、城北乡、汪沟镇、新桥镇

表 2.8　　　　　　　　古日母字声母今读例字表

方言点	止摄之外字							止摄开口三等字			
	开口				合口						
	日	人	惹	若	然	闰	软	绒	二	儿	耳	而	尔
大田庄乡	ʐɿ³¹²	ʐẽ⁵³	ʐə⁴⁴	ʐuə³¹²	ʐã⁵³	yẽ³¹²	ʐuã⁴⁴	ʐoŋ⁵³	ɚ³¹²	ɚ⁵³	ɚ⁴⁴	ɚ⁵³	ɚ⁴⁴
									lɚ³¹²	lɚ⁵³	lɚ⁴⁴		
上冶镇	ʐɿ³¹²	ʐẽ⁵³	ʐə⁴⁴	ʐuə³¹²	ʐã⁵³	yẽ³¹²	ʐuã⁴⁴ vã⁴⁴	ʐoŋ⁵³ vəŋ⁵³	ɚ³¹² lɚ³¹²	ɚ⁵³ lɚ⁵³	ɚ⁴⁴ lɚ⁴⁴	ɚ⁵³	ɚ⁴⁴ lɚ⁵³
南张庄乡	ʐɿ³¹²	ʐẽ⁵³	ʐə⁴⁴	ʐuə³¹²	ʐã⁵³	ʐuẽ³¹²	ʐuã⁴⁴	ʐoŋ⁵³	ɚ³¹² lɚ³¹²	ɚ⁵³ lɚ⁵³	ɚ⁴⁴ lɚ⁴⁴	ɚ⁵³	ɚ⁴⁴
薛庄镇	ʐɿ³¹²	ʐẽ⁵³	ʐə⁴⁴	ʐuə³¹²	ʐã⁵³	ʐuẽ³¹²	ʐuã⁴⁴	ʐoŋ⁵³	ɚ³¹² lɚ³¹²	ɚ⁵³ lɚ⁵³	ɚ⁴⁴ lɚ⁴⁴	ɚ⁵³	ɚ⁴⁴
城北乡	ʐɿ³¹²	ʐẽ⁵³	ʐə⁴⁴	ʐuə³¹²	ʐã⁵³	ʐuẽ³¹²	ʐuã⁴⁴	ʐoŋ⁵³	ɚ³¹² lɚ³¹²	ɚ⁵³ lɚ⁵³	ɚ⁴⁴ lɚ⁴⁴	ɚ⁵³	ɚ⁴⁴
朱田镇	ʐɿ³¹²	ʐẽ⁵³	ʐə⁵⁵	ʐuə³¹²	ʐã⁵³	ʐuẽ³¹² yẽ³¹²	ʐuã⁵⁵ vã⁴⁴	ʐoŋ⁵³ vəŋ⁵³	ɚ³¹² lɚ³¹²	ɚ⁴⁴ lɚ⁵⁵	ɚ⁵³ lɚ⁵³	ɚ⁴⁴	

续表

方言点	止摄之外字								止摄开口三等字			
	开口					合口						
	日	人	惹	若	然	闰	软	绒	二	儿	耳	而	尔
费城镇	zʅ³¹²	zẽ⁵³	zə⁴⁴	zuə³¹²	zã⁵³	yẽ³¹²	zuã⁴⁴	zoŋ⁵³	ɚ³¹² lə³¹²	ɚ⁵³ lə⁵³	ɚ⁴⁴ lə⁴⁴	ɚ⁵³	ɚ⁴⁴
胡阳镇	ʒʅ³¹²	ʒẽ⁵³	ʒə⁴⁴	ʒuə³¹²	ʒã⁵³	yẽ³¹²	ʒuã⁴⁴	ʒoŋ⁵³	ɚ³¹² lə³¹²	ɚ⁵³ lə⁵³	ɚ⁴⁴ lə⁴⁴	lə⁵³	ɚ⁴⁴
方城镇	zʅ³¹²	zẽ⁵³	zə⁴⁴	zuə³¹²	zã⁵³	yẽ³¹²	zuã⁴⁴	zoŋ⁵³	ɚ³¹² lə³¹²	ɚ⁵³ lə⁵³	ɚ⁴⁴ lə⁴⁴	ɚ⁵³	ɚ⁴⁴
汪沟镇	ʒʅ³¹²	ʒẽ⁵³	ʒə⁴⁴	ʒuə³¹²	ʒã⁵³	yẽ³¹²	ʒuã⁴⁴	ʒoŋ⁵³	ɚ³¹² lə³¹²	ɚ⁵³ lə⁵³	ɚ⁴⁴ lə⁴⁴	ɚ⁵³	ɚ⁴⁴
新桥镇	ʒʅ³¹²	ʒẽ⁵³	ʒə⁴⁴	ʒuə³¹²	ʒã⁵³	yẽ³¹²	ʒuã⁴⁴	ʒoŋ⁵³	ɚ³¹² lə³¹²	ɚ⁵³ lə⁵³	ɚ⁴⁴ lə⁴⁴	lə⁵³	
探沂镇	ʒʅ³¹²	ʒẽ⁵³	ʒə⁴⁴	ʒuə³¹²	ʒã⁵³	yẽ³¹²	ʒuã⁴⁴	ʒoŋ⁵³	ɚ³¹² lə³¹²	ɚ⁵³ lə⁵³	ɚ⁴⁴ lə⁴⁴	ɚ⁵³ lə⁵³	ɚ⁴⁴
芍药山乡	ʒʅ³¹²	ʒẽ⁵³	ʒə⁴⁴	ʒuə³¹²	ʒã⁵³	ʒuə³¹² yẽ³¹²	ʒuã⁴⁴	ʒoŋ⁵³	ɚ³¹² lə³¹²	ɚ⁵³ lə⁵³	ɚ⁴⁴ lə⁴⁴	ɚ⁵³ lə⁵³	ɚ⁴⁴
梁邱镇	ʒʅ³¹²	ʒẽ⁵³	ʒə⁴⁴	ʒuə³¹²	ʒã⁵³	yẽ³¹²	ʒuã⁴⁴ vã⁴⁴	ʒoŋ⁵³ vəŋ⁵³	ɚ³¹² lə³¹²	ɚ⁵³ lə⁵³	ɚ⁴⁴ lə⁴⁴	ɚ⁵³ lə⁵³	ɚ⁴⁴
刘庄镇	ʒʅ³¹²	ʒẽ⁵³	ʒə⁴⁴	ʒuə³¹²	ʒã⁵³	yẽ³¹²	ʒuã⁴⁴	ʒoŋ⁵³	ɚ³¹² lə³¹²	ɚ⁵³ lə⁵³	ɚr⁴⁴ lə⁴⁴	ɚ⁵³	ɚ⁴⁴
马庄镇	ʒʅ³¹²	ʒẽ⁵³	ʒə⁴⁴	ʒuə³¹²	ʒã⁵³	ʒuə³¹² yẽ³¹²	ʒuã⁴⁴	ʒoŋ⁵³	ɚ³¹² lə³¹²	ɚ⁵³ lə⁵³	ɚ⁴⁴ lə⁴⁴	ɚ⁵³	ɚ⁴⁴
新庄镇	ʒʅ³¹²	ʒẽ⁵³	ʒə⁴⁴	ʒuə³¹²	ʒã⁵³	yẽ³¹²	ʒuã⁴⁴	ʒoŋ⁵³	ɚ³¹² lə³¹²	ɚ⁵³ lə⁵³	ɚ⁴⁴ lə⁴⁴	ɚ⁵³	ɚ⁴⁴
石井镇	ʒʅ³¹²	ʒẽ⁵³	ʒə⁴⁴	ʒuə³¹²	ʒã⁵³	yẽ³¹²	ʒuã⁴⁴	ʒoŋ⁵³	ɚ³¹² lə³¹²	ɚ⁵³ lə⁵³	ɚ⁴⁴ lə⁴⁴	ɚ⁵³	ɚ⁴⁴

注：以上音值数据基于此次方言调查；两音节者前者为新派读音，后者为老派读音。

需要注意的是，止摄开口之外日母字的今读类型是与知庄章组声母的读音比较成系统相配的（请参看表 2.4 费县古知庄章组声母今读的类型），即读为同部位的浊擦音。古知系字（开口）合一的方言中，知系字读 tʂ 组的，日母读 z；知系字读 tʃ 组的，日母读 ʒ。古知系字二分的方言中，日母读 ʒ，与知系字的乙类（tʃ 组）相配。稍微有些区别的是：古知系字合口呼前全县比较统一地读齿唇音 pf 组，大部分地区日母合口读 v 也与此部位相同，只有费城、方城读 z̧ 与知系字声母不同部位。至于新派与老派的差异，则明显是受普通话影响的结果，这里不多讨论。

2.5.2 从山东方言看日母"人"类字声母的读音问题

先通过图 2.26 来观察山东境内古日母"人"类字的整体演化情况。

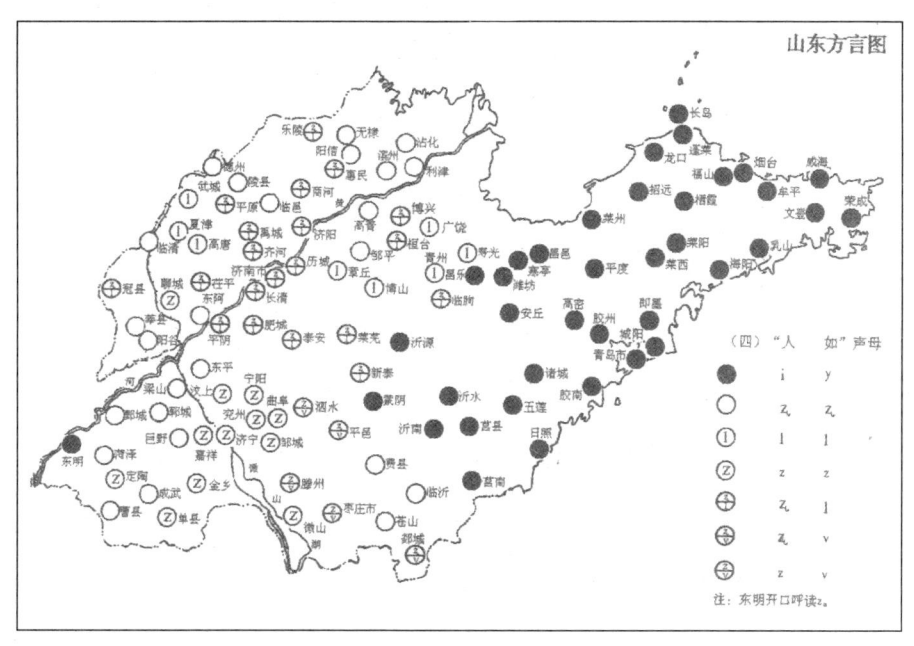

图 2.26　山东方言"人、如"声母类型分布图

注：图片来自《山东方言研究》①。

总体来看，东区（胶辽官话）一般读零声母 ∅；西区除东明一处也读零声母 ∅ 外，各县市有 z̧、z、l、z̧/l、z/v、z̧/v 等几种读音类型。张树铮（1994）曾指出：现代山东方言中大部分地区的日系字②与古知庄章组擦音呈清浊相配格局。……如果从古知庄章组字的角度看日系字读音，则可以说：

（1）古知庄章组不读 tʂ、tʂʰ、ʂ 的，日系字肯定不读 z̧；

（2）古知庄章组今全部读 tʂ、tʂʰ、ʂ 的，日系字读 z̧ 或 l；

（3）古知庄章组今全部读 ts、tsʰ、s 的，日系字读 z；

（4）古知庄章组擦音合口读 f 的，日系字（合口）读 v；

（5）古知庄章组分为两类的，大部分地区日系字读零声母，少数

---

① 钱曾怡主编：《山东方言研究》，齐鲁书社 2001 年版，第 120 页。
② 文中"日系字"指止摄开口之外的日母字。

地区读 z_{ι}①。

再来看一下与费县相邻的临沂地区方言日母字读音情况。

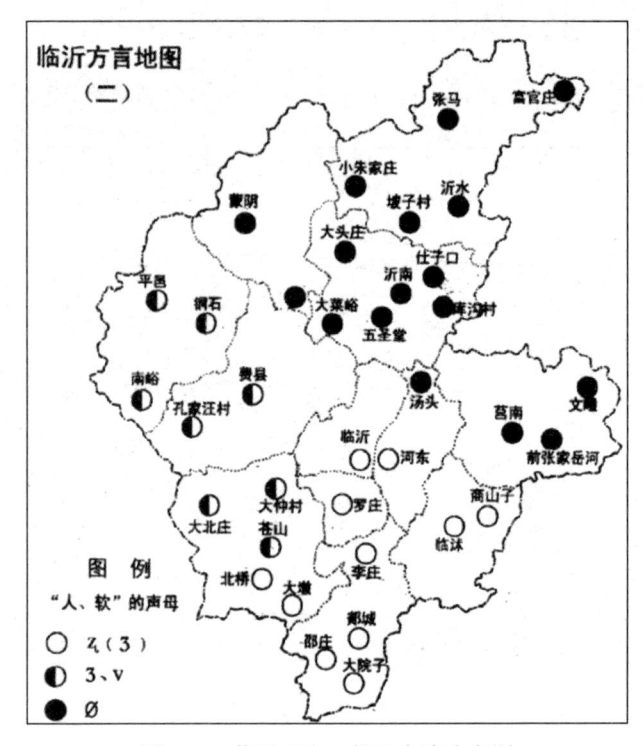

图 2.27 临沂"人、软"今读分布图
注：图片来自《临沂方言志》②。

图 2.27 显示：邻近费县的临沂和费县南边的苍山（北桥、大墩）、郯城（邵庄、大院子、李庄）、罗庄、临沭、河东等地，即临沂最南部的几个区县，古日母字的读音类型都是 z_{ι}（或 ʒ）声母，费县西边的平邑以及上图中未显示的泗水、滕州、枣庄等则读 ʒ（或 z_{ι}）、v（合口）声母，而在费县北边的蒙阴、东边和东北方向的区县（即整个临沂东北部地区）开始继续向东边延伸的区域则全部整齐统一地读零声母（该区域属于胶辽官话区）。

由上可见，费县方言日母字的读音总体上不属于胶辽官话的特点，与临沂市辖区（兰山、罗庄、河东，以上均原属临沂县）及郯城、临沭也不相同，而是与其西的平邑、泗水、滕州、枣庄相同。这些地方都是古知系

---

① 张树铮：《山东方言"日"母字研究》，《语言研究》，1994 年增刊。又见张树铮《方言历史探索》，内蒙古人民出版社 1999 年版，第 113 页。

② 马静、吴永焕：《临沂方言志》，齐鲁书社 2003 年版，第 12 页。

字合口今读齿唇音的地区（请参看图 2.23 山东方言中知庄章组声母合口呼前读齿唇音的分布）。区别只在于泗水、滕州、枣庄等地的知庄章组字读 ts、tsʰ、s 而日母字开口读 z，而费县的知庄章组字读 tʂ、tʂʰ、ʂ 或 tʃ、tʃʰ、ʃ 而日母字开口读 ʒ 或 ʐ。总体上看，也都是符合日母字（止摄开口之外）与古知庄章组字今读部位相同的规律的。这也就意味着，止摄开口之外的日母字的读音并非独立发展，而是跟从知庄章组声母演变大势而前行的，虽然它始终保留了与知庄章组清擦音声母对立的浊擦音地位。

2.5.3 关于"儿"类字的读音演变

止摄开口三等日母字在费县老派中一般读 lə。这种读音在山东中东部方言中很常见，在鲁南、鲁西南也有分布。从图 2.28 可以看出止摄开口三等日母字在山东境内的读音类型和分布情况。

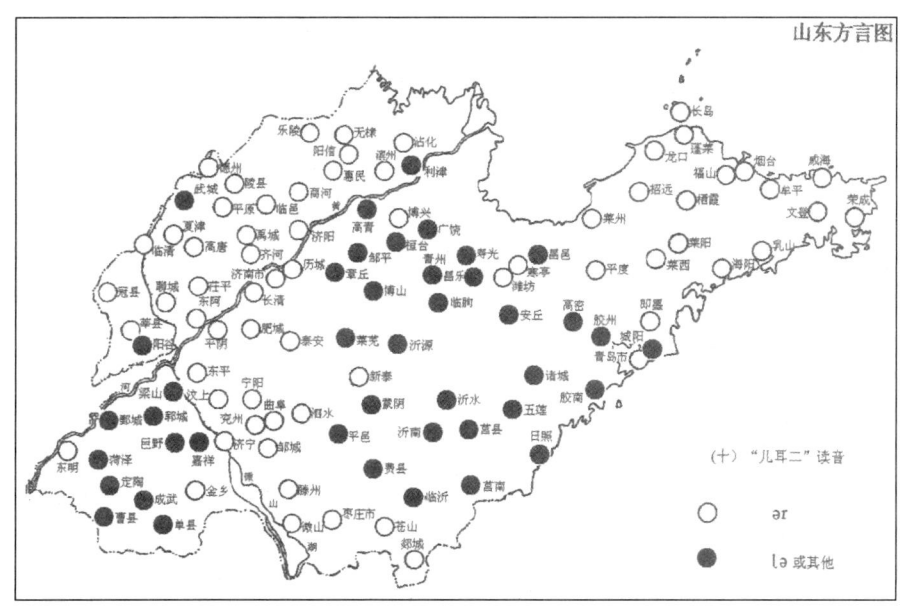

图 2.28 山东方言"儿、耳、而"读音类型分布图
注：图片来自《山东方言研究》①。

李思敬先生（1986）曾指出："金元时代汉语北方话儿系列字的音值为[ɻ]，其在汉语北方话里演变为[ɚ]音值的诞生，可以追述到明朝早

---

① 钱曾怡主编：《山东方言研究》，齐鲁书社 2001 年版，第 126 页。

期。"①"儿系列字[ɿʅ]音到[ɚ]音的蜕变过程中，当失掉声母[ɻ]以后，还应该存在过一个[ʅ]值的时代，也就是[ɿʅ]＞[ʅ]＞[ɚ]。"②李旭（2008）在《河北省中部南部方言语音研究中》中据此观点推论l̩声的出现应在ʅ产生之后。李巧兰（2007）则认为l̩是止摄开口日母字在北方话中与ʐ̩(ʅ)并行的一种演化③。其实还有第三种可能：l̩也有可能是ʐ̩(ʅ)声母的一种变异，卷舌（舌尖后）擦音ʐ̩舌尖稍微上抵硬腭，就变成了舌尖后边音l̩。只不过目前这些推论还都缺乏确实的证据。

目前，费县方言中"儿"类字的读音在年龄层次不同的人群中使用频率有所不同，l̩ə 主要保留在年龄层次较高的老派发音人中，年龄层次低的新派发音人使用频率已然很低，而且在读书音的影响下即使是"二、儿、耳"这几个高频字在新派中现也多发零声母[ɚ]。这种发音情况与临沂剩余十一个区县的发音情况总体一致。具体来说，除费县西边的平邑基本无[l̩ə]音外，郯城还有少数人读[l̩ə]音外，费县周边其他的县市如临沂兰山区、罗庄、河东、莒南、临沭、苍山、沂南、沂水、蒙阴等情况基本一致，在临沂十二个区县现多只保留在老派发音人中，而在新派发音人的日常用语中虽有一定程度的保留但其总体的发展趋势是正在迅速地退化消失。

此外，费县方言中"儿"类字读 l̩ə 亦或是读 ɚ 还是一个有规律的现象。先看下面几个例子：

二流子 [l̩ə⁵³ / ɚ⁵³]　　初二 [l̩ə⁵³ / ɚ⁵³]
儿子　 [l̩ə⁵³ / ɚ⁵³]　　女儿 [ɚ⁵³]
耳朵　 [l̩ə⁵³ / ɚ⁵³]　　木耳 [ɚ²¹³]
而且　 [l̩ə⁵³ / ɚ⁵³]　　然而 [ɚ²¹³]
　　　　　　　　　　偶尔 [ɚ²¹³]

（注：括号里斜线前为白读音，斜线后为文读音）

这九个例子中，除了"二"的词语组合（二流子、初二）无论在词首的位置出现还是在词尾的位置出现，在老派发音人中都读 l̩ə 音外（这与"二"在新、老派日常交际的发音频率中相对较高有直接关系，属高发频率词且使用范围较广），剩下的"儿、耳、而、尔"在老派发音人中的发音均表现为在词首读 l̩ə，在词尾读 ɚ，尤其是在词尾位置，无论是新派还是老派其发音已合一都读零声母音节。由此我们可以说，老派发音人 l̩ə 的读法

---

① 李思敬：《汉语"儿"[ɚ]音史研究》，商务印书馆1986年版，第12-42页。
② 李思敬：《汉语"儿"[ɚ]音史研究》，商务印书馆1986年版，第12-42页。
③ 李巧兰：《河北方言中的"X—儿"形式研究》，博士学位论文，山东大学，2007年，第106—111页。

在词组组合读音范围上也有某些特定限制。

总之，由于普通话和读书音的影响，止摄开口日母字 lɚ 的读法在内部的使用范围（人数和地域范围）呈逐渐缩小的态势，在老派发音人中也出现使用频率减少的现象，更不要说在新派发音人的发音中多已消失，只是在日常交际使用中还有个别的常用频率词还时有出现，如"二、耳"。

2.6 古影疑母开口洪音字声母研究

2.6.1 今山东方言及费县方言中古影疑母开口洪音字的读音

今普通话零声母开口呼的字，均来自古影、疑两母的洪音字。而在今山东方言中，这些字则有三种读音类型。第一种是东莱片及和它相连的东潍片一些方言点读零声母，这与北京话的演变类型一致；第二种是东潍片的大部分地区及西齐片的大多数方言点读舌根鼻音 ŋ 声母；第三种是西鲁片的方言多读舌根浊擦音 ɣ 声母[①]。具体可参见图 2.29。

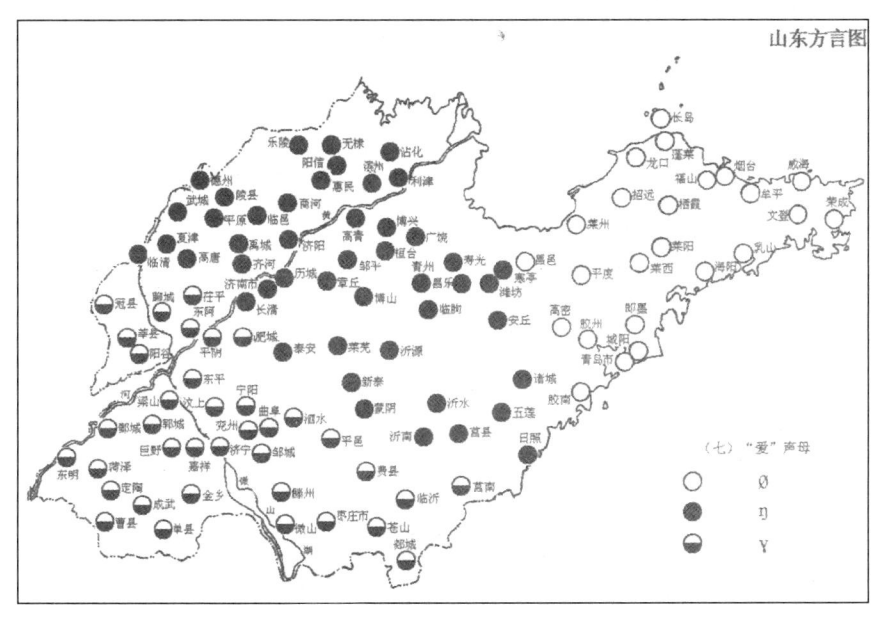

图 2.29　山东方言古影、疑二母开口一等字的声母

注：图片来自《山东方言研究》[②]。

---

① 张树铮：《山东方言语音特征的扩散方向和历史层次》，《山东大学学报》（哲学社会科学版）2007 年第 5 期。

② 钱曾怡主编：《山东方言研究》，齐鲁书社 2001 年版，第 123 页。

从古影、疑二母的开口一等字的读音 ∅、ŋ、ɣ 三类声母的分布图我们可以很清楚地看到，此三类读音在山东境内的整体分布布局具有很强的区域性特点，分布统一集中，可以按照发音类型很清楚地分为三个区，同时各区内部的演化情况表现得十分整齐，并无特例掺杂其中，三个音类区的分布面积也大致相当。

今费县方言处在 ŋ 声——ɣ 声边缘接触带上，其内部各乡镇古影疑母开口一二等字的今读类型对应十分整齐统一，18 个乡镇都发 ɣ 声母，只是在大田庄乡、探沂镇、刘庄镇、马庄镇和梁邱镇发现发音人在读 ɣ 声时存在弱化的情况，各乡镇具体读音情况如表 2.9 所示。

表 2.9　　费县各乡镇古影疑母开口一二等今读例字表

调查点	蟹开一 爱影	蟹开二 矮影	效开一 熬影	山开一 岸疑	臻开一 恩疑	果开一 鹅疑
大田庄（弱）	ɣe³¹²	ɣɛ⁵³/iɛ⁵³	ɣɔ⁵³	ɣã³¹²	ɣẽ²¹³	ɣə⁵³
上冶镇	ɣe³¹²	ɣɛ⁵³/iɛ⁵³	ɣɔ⁵³	ɣã³¹²	ɣẽ²¹³	ɣə⁵³
南张庄	ɣe³¹²	ɣɛ⁵³/iɛ⁵³	ɣɔ⁵³	ɣã³¹²	ɣẽ²¹³	ɣə⁵³
薛庄镇	ɣe³¹²	ɣɛ⁵³/iɛ⁵³	ɣɔ⁵³	ɣã³¹²	ɣẽ²¹³	ɣə⁵³
城北乡	ɣe³¹²	ɣɛ⁵³/iɛ⁵³	ɣɔ⁵³	ɣã³¹²	ɣẽ²¹³	ɣə⁵³
朱田镇	ɣe³¹²	ɣɛ⁵³/iɛ⁵³	ɣɔ⁵³	ɣã³¹²	ɣẽ²¹³	ɣə⁵³
费城镇	ɣe³¹²	ɣɛ⁵³/iɛ⁵³	ɣɔ⁵³	ɣã³¹²	ɣẽ²¹³	ɣə⁵³
胡阳镇	ɣe³¹²	ɣɛ⁵³/iɛ⁵³	ɣɔ⁵³	ɣã³¹²	ɣẽ²¹³	ɣə⁵³
方城镇	ɣe³¹²	ɣɛ⁵³/iɛ⁵³	ɣɔ⁵³	ɣã³¹²	ɣẽ²¹³	ɣə⁵³
汪沟镇	ɣe³¹²	ɣɛ⁵³/iɛ⁵³	ɣɔ⁵³	ɣã³¹²	ɣẽ²¹³	ɣə⁵³
新桥镇	ɣe³¹²	ɣɛ⁵³/iɛ⁵³	ɣɔ⁵³	ɣã³¹²	ɣẽ²¹³	ɣə⁵³
探沂镇（弱）	ɣe³¹²	ɣɛ⁵³/iɛ⁵³	ɣɔ⁵³	ɣã³¹²	ɣẽ²¹³	ɣə⁵³
芍药山乡	ɣe³¹²	ɣɛ⁵³/iɛ⁵³	ɣɔ⁵³	ɣã³¹²	ɣẽ²¹³	ɣə⁵³
梁邱镇（弱）	ɣe³¹²	ɣɛ⁵³/iɛ⁵³	ɣɔ⁵³	ɣã³¹²	ɣẽ²¹³	ɣə⁵³
刘庄镇	ɣe³¹²	ɣɛ⁵³/iɛ⁵³	ɣɔ⁵³	ɣã³¹²	ɣẽ²¹³	ɣə⁵³
马庄镇（弱）	ɣe³¹²	ɣɛ⁵³/iɛ⁵³	ɣɔ⁵³	ɣã³¹²	ɣẽ²¹³	ɣə⁵³
新庄镇（弱）	ɣe³¹²	ɣɛ⁵³/iɛ⁵³	ɣɔ⁵³	ɣã³¹²	ɣẽ²¹³	ɣə⁵³
石井镇	ɣe³¹²	ɣɛ⁵³/iɛ⁵³	ɣɔ⁵³	ɣã³¹²	ɣẽ²¹³	ɣə⁵³

注：括号中"弱"表示此乡镇 ɣ 声摩擦较弱；"鹅"音值接近"ɤ"。

这里我们注意到有个例外字"矮"[ɣɛ³¹²/iɛ³¹²]有文白异读两种形式，类似这样读音的特殊字有四个，都是蟹摄蟹韵系二等字：

影母　　矮子[ɣɛ⁴⁴]（文）/ [iɛ⁴⁴]（白）
　　　　挨揍[ɣɛ⁵³]（文）/ [iɛ⁵³]（白）
疑母　　难捱[ɣɛ⁵³]（文）/ [iɛ⁵³]（白）
　　　　马头崖[ia⁵³]（文）/ [ɣɛ⁵³]（白¹）[iɛ⁵³]（白²）

在费县 18 个乡镇中，这类字在费县老派发音人中有文白异读两种读音形式：文读[ɣɛ]，白读[iɛ]，至于在新派发音人中基本都读[ɣɛ]音节。"矮挨捱崖"四字都是中古蟹韵系（二等）影疑母，这些字的异读与古喉牙音声母后二等韵的演变以及普通话的影响有关。中古喉牙音声母后的开口二等字在北方方言中大多孳生了 i 介音，如普通话：江（江韵）、家（麻韵二等）、牙（麻韵二等）、解（蟹韵）、间（山韵）、硬（映韵）、觉（觉韵）等。不过普通话中喉牙音声母后也有部分二等字并未孳生 i 介音，如：楷（皆韵）、耕（耕韵）、客（陌韵）、矮（蟹韵）、挨（蟹韵）。而"崖"字普通话中有 i 介音但韵母读 ia 而不读 iai。费县方言及山东大部分地区的方言中，"矮挨捱崖"四字比较有规律地有 i 介音且韵母为 iai（或与此相当的 iɛ、iei）。这反映的是山东方言与北京话的不同特点。而费县方言的文读则是近几十年来受普通话读音影响的结果。

2.6.2　从比较看 ɣ 声母的历史层次

费县方言的 ɣ 是山东方言中影疑母一等字的三种声母类型之一。ɣ 与另外两种读法 ∅、ŋ 的历时关系如何？目前学术界还没有一致的结论。

中古影母和疑母的音值音韵学界并无争议，影母为 ʔ，疑母为 ŋ。影母的喉塞音丢失，变为零声母；疑母后来也丢失了 ŋ，变为零声母。因此，影疑母开口洪音字读零声母应该是比较早的变化。

影疑母开口洪音字读 ŋ，表面上似乎与古疑母的 ŋ 一脉相承，但由于影母字也读 ŋ，并且疑母在细音前均已读零声母，所以影疑母洪音前的 ŋ 并非疑母古音的保留，而是影疑合并读零声母之后的后起变化。同理，ɣ 声母也是影疑合并读零声母之后的后起变化。至于零声母为何要在开口呼前增加浊音（浊鼻音或浊擦音），王洪君先生（1999）认为："汉语音节不仅韵腹是必有成分，声母也是必有成分，汉语的零声母绝大多数是确实占据声母位置的声母，与印欧语的无声母音节有性质的不同。"[①]同时她还具体解释："零声母字的音节开始其实都有明显的辅音成分——开口呼前有喉塞，齐

[①] 王洪君：《汉语非线性音系学》，北京大学出版社 1999 年版，第 129—130 页。

齿、合口、撮口呼前有较强的摩擦。"①既然实质上零声母音节确实要占据辅音一定的位置,且"开口呼前有喉塞",则在开口呼字前由∅声演化出ɣ声母就十分好理解了,两者之间的区别只在于ɣ在喉部位置有相对或轻或重的摩擦(因地域和发音个体而异),摩擦得稍微轻微一些就很容易被忽略,因此其与零声母喉部发音通畅的方音方法实际上非常接近。同样,ŋ的读法也是因为开口呼前有一个阻塞成分才便于发出舌位较低的元音来。

现在的问题是,方言中ŋ和ɣ这两种读法孰先孰后呢?

今山东方言中影疑母开口呼前读零声母集中分布在鲁东地区(东区),读ŋ声母主要集中在鲁中、鲁北地区(东区除莒南的部分地区和西齐片),读ɣ声母集中分布在鲁西、鲁西南地区(西鲁片加莒南)②。张树铮先生(2007)分析此问题时认为:"从汉语史的资料来看,反映影疑母合并后的资料最早的表现都是读零声母而不是ŋ或ɣ(如《中原官话》),因此,东莱片及其毗邻的东潍片东部读零声母应该算是较早的层次,西鲁片读ɣ和东潍片大部读ŋ都是后起的变化。……不过从地理分布情况看……如果按照交通不便地区更能保留古音的通常情况来判断,那反倒是ŋ的读法更古老一些。"③也就是说,最东边的鲁东地区古影疑母在开口呼前读零声母保留了此类语音较为古老的读音形式,中间地带鲁中、鲁北地区读ŋ声则处在演化发展的中间过渡阶段上,至于鲁西、鲁西南地区读ɣ声则代表了此类语音演变的较新的层次,即此类字在山东境内的扩散方向是ɣ→ŋ→∅。张世方(2002)、孙德金先生在《京西火器营满人的北京话调查》一文中则推断影疑母开口呼前的读音变化过程可能经历了"∅>ʔ>ɣ>ŋ>n"的阶段,只是ʔ声是否是所有汉语方言演变的必经阶段目前还缺乏资料考证④。根据这种观点,则在影疑母开口前的读法中ɣ先于ŋ发生,ŋ是后起的。ŋ先ɣ后和ɣ先ŋ后两种观点从音理的角度来说都可以成立,因为ŋ与ɣ部位相同,都是浊音,区别只在于一为鼻音一为擦音,由此变彼或由彼变此都比较容易发生。

再从更大范围的北方地区方言来看,中原官话中影疑母开口呼前以读ŋ声母占大多数,但主要分布在中原官话中部和西部的关中片、汾河片、秦陇片、陇中片、信蚌片和南疆片;读ɣ声母主要分布在东部的郑曹片、洛

---

① 王洪君:《汉语非线性音系学》,北京大学出版社1999年版,第129—130页。
② 张树铮:《山东方言语音特征的扩散方向和历史层次》,《山东大学学报》(哲学社会科学版)2007年第5期。
③ 张树铮:《山东方言语音特征的扩散方向和历史层次》,《山东大学学报》(哲学社会科学版)2007年第5期。
④ 转引自李旭《河北省中部南部方言语音研究》,博士学位论文,山东大学,2008年,第33页。

第二章 声母研究

徐片和蔡鲁片。而河北的冀鲁官话大多读 ŋ 声母，但保唐片方言多读 n 声母。n 的读法显然与 ŋ 有关而与 ɣ 距离甚远。

因此，尽管"影疑母洪音字读 ɣ 与读零声母相比只是在音节的开头略加了摩擦而已，所以与零声母的读法比较接近"，但从北方地区方言读 ŋ 更为普遍而读 ɣ 的范围较小来看，我们目前暂认为影疑母开口呼前读 ŋ 的时代要早于读 ɣ。ɣ 的读法有可能是在读 ŋ 的基础上受近代的权威方言（如北京话）读零声母的影响而产生的变化，这恰恰是因为 ɣ 的读音既与 ŋ 相近也与零声母接近，是一种中间状态或者说过渡状态。

总结上文的讨论，我们暂时认为，影疑母在开口呼前的变化中，读零声母是相对早期的状态，现代有些方言仍然保持了这种状态，如北京话、东北话的大部分地区、胶辽官话的大部分地区；读 ŋ 声母是后起的变化，如冀鲁官话、中原官话的大部分地区，其中冀鲁官话保唐片进一步发展出来 n 的读法；而读 ɣ 声母是更为后起的变化，只见于中原官话的部分地区。上述情况可以图示如下：

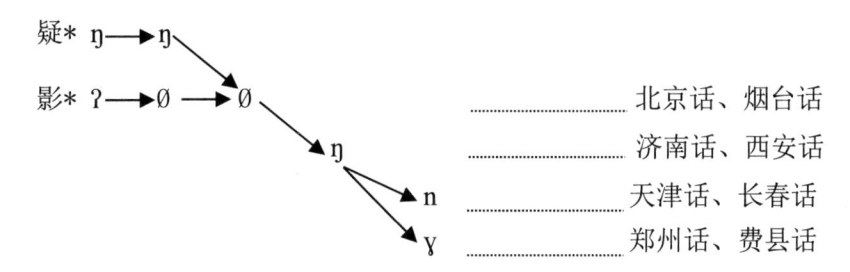

```
疑* ŋ ──→ ŋ
                ↘
影* ʔ ──→ ∅ ──→ ∅        ············  北京话、烟台话
                ↘
                 ŋ        ············  济南话、西安话
                  ↘
                   n      ············  天津话、长春话
                   ↘
                    ɣ     ············  郑州话、费县话
```

第三章 韵母研究

3.1 韵母系统概述

3.1.1 费城镇韵母系统

费县内部各方言点韵母的差异相对较小。我们先列出费城点的韵母系统。

费城镇韵母系统（37个）

ɿ 资次	ʅ 直日			
		i 地以	u 书路	y 雨玉
ɚ 二耳				
a 爬辣	ia 家架		ua 花抓	
ə 舌车	iə 铁野		uə 窝做	yə 学缺
ɛ 爱盖	iɛ 矮街		uɛ 快外	
ei 北百			uei 对岁	
ɔ 保好	iɔ 条腰			
ou 收沟	iou 牛六			
ã 干三	iã 减连		uã 酸短	yã 圆远
ẽ 根恩	iẽ 心紧		uẽ 温问	yẽ 云晕
aŋ 党桑	iaŋ 讲良		uaŋ 王往	
əŋ 登横	iŋ 形英		oŋ 空翁	ioŋ 拥胸

说明：（1）ə韵在k、ɣ后音值接近ɤ。

（2）《临沂方言志》中列举（费城镇）费县韵母有39个。其中，"书出"《临沂方言志》记作"ɥ"（唇—硬腭浊近音），本书根据调查结果记作 u；"儿耳"《临沂方言志》记作 ər，本书记作 ɚ；"东忠"《临沂方言志》记作 uŋ，本书记作 oŋ；"雄拥"《临沂方言志》记作 yŋ，我们在调查中发现其有相对较长的发音过渡动程，故记作 ioŋ。

（3）ʅ 与 ts、tsʰ、s 相拼，ɻ 与 tʂ、tʂʰ、ʂ 相拼。

3.1.2 县内方言的韵母共性

我们对费县 18 个乡镇的韵母系统进行了细致的田野调查，其间对个别音进行了反复调查确认。经后期统计处理，我们发现费县 18 个乡镇的韵母系统对应得十分整齐，这与其各乡镇声母系统间的不均衡对应形成鲜明的对比（参见第二章）。我们先从共时层面来对比观察费县 18 个乡镇韵母系统的共性。

调查发现，以费城镇为代表的韵母系统（包括卷舌音 ɚ 在内）共有 37 个，这与其他相关文章和文献里调查记载的数字大致相当，但在具体音值的辨析上各文献材料中有一定差异。比如曹志耘先生 1989 年的调查显示费城镇有韵母 36 个（无卷舌音 ɚ "二耳"），《临沂方言志》（2006）里收录费城镇包括卷舌音 ər 在内的韵母共有 39 个，明茂修《山东方言刘庄方言音系》（2011）纪录刘庄镇的韵母系统内不包括儿化韵在内的韵母共有 37 个。韵母音值的差异主要在两个特殊的韵母上：（1）古日母止摄开口字（二、儿、耳、饵、尔、贰）老派读音的韵母。其具体的音值一直存在着争议，主要有 ə 和 ɯ 两种记音差异，然而根据此次调查各乡镇的整体结果，再加上下面的语音实验分析结果我们认为将之记作半高元音 ɤ 更接近其实际音值。目前这几个常用字在费县各乡镇里无论是在新派发音人还是在老派发音人中间都存在着两读的形式，也就是"ɚ/lɤ"，新派中多读前者，老派日常交际口语中多读后者。（2）中古通摄"翁、东红忠"等字的今读类型。在一些学者的调查分析中认为，通摄字在洪音前面读 uŋ，在细音前面读 yŋ（如曹志耘《费县方言纪略》1989[①]，马静、吴永焕《临沂方言志》2006[②]），此次调查发现通摄洪音前元音舌位略低，元音共鸣腔要比 uŋ 音大很多，因此记作 oŋ，细音前则记作 ioŋ，这是因为调查发现其发音动程相较 yŋ 要长。调查中发现，除梁邱镇和新桥镇"翁"字读 uŋ，其他乡镇均读 oŋ。《山东方言研究》中也指出，"西齐片、西鲁片和东莱片的各点，曾梗二摄以读 əŋ、iŋ 韵

[①] 曹志耘、王瑛、刘娟：《费县方言纪略》，《临沂师专学报》（社会科学版）1989 年第 4 期。
[②] 马静、吴永焕：《临沂方言志》，齐鲁书社 2003 年版，第 65 页。

母为主，通摄以读 oŋ、ioŋ 为主"[①]。

综上所述，调查对比费县 18 个乡镇的韵母系统后我们发现，费县辖区内各乡镇的韵母系统演化至今对应得十分整齐，各乡镇间差异不显著因此并未显现出明显的层次差异。从共时层面对比费县乡镇韵母系统的共性特点可以简述为：

（1）韵母数量大体一致，有 37 个韵母，个别韵母音值上有乡镇间的些微差异。

（2）鼻化韵母十分丰富，共有两组，即[ã、iã、uã、yã]和[ẽ、iẽ、uẽ、yẽ]，对应于普通话的前鼻尾韵。鼻尾韵只有-ŋ 一类。

（3）普通话的前响复合元音 ai、au 读单元音 ɛ、ɔ；相应地，普通话的 uai、iau 读 uɛ、iɔ。此外，有 iɛ 韵母，均来自蟹摄开口二等喉牙音。

（4）"二、儿、耳、饵、尔、贰"老派读 [ə，新派多读 ɚ。

上述特点与山东方言韵母演化的总体情况基本一致的。钱曾怡（2001）指出，山东方言中"元音尾韵母有简化为单元音韵母的趋势；鼻辅音韵尾弱化，鼻化元音韵母丰富；中古某些摄的韵母演变规律比较整齐"[②]。各地的差异主要在于古音演变特点不同而造成的某些音类不同，所以后面我们也将比较一下费县方言韵母与中古韵母的关系。

3.2 韵母的语音实验分析

3.2.1 实验方法和费城镇方言元音声学图

本节我们使用语音分析软件 Praat 和 Speech Analyzer，测量主要元音的第一共振峰 F1 和第二共振峰 F2 的声学参数，根据测量所得的具体数值，充分利用 Excel 软件里的画图功能来制作元音的声学参数图。通过声学参数图，将各主要元音的发音特点一一展现出来，这里面包含了舌位高低前后、唇形圆展的主要信息，反过来，根据声学参数图上元音的具体位置和声学特点推定其元音音值。（参见朱晓农 2010）透过元音声学图，对比北京话的元音图式，我们可以大致了解费县元音的整体发音特征和与北京话的差异，再通过乡镇间的内部对比，来观察其元音上的共性与差异。

以费县县城费城镇为例，我们提取此镇十个主要元音的声学参数（虽然在语音学中，儿化元音 ɚ 非纯元音，但在这取宽泛元音的范围，将之一

[①] 钱曾怡主编：《山东方言研究》，齐鲁书社 2001 年版，第 71 页。
[②] 钱曾怡主编：《山东方言研究》，齐鲁书社 2001 年版，第 65 页。

并进行声学分析并做成声学图以供接下来的对比分析),并根据各具体元音的声学参数来绘制各元音的声学图,这个过程使用的主要软件是 Praat 和 Excel,前者用与元音的切分和声学参数的提取,后者用于制作声学图。具体的制作过程大致可以分成三步完成,现演示如下图所示:

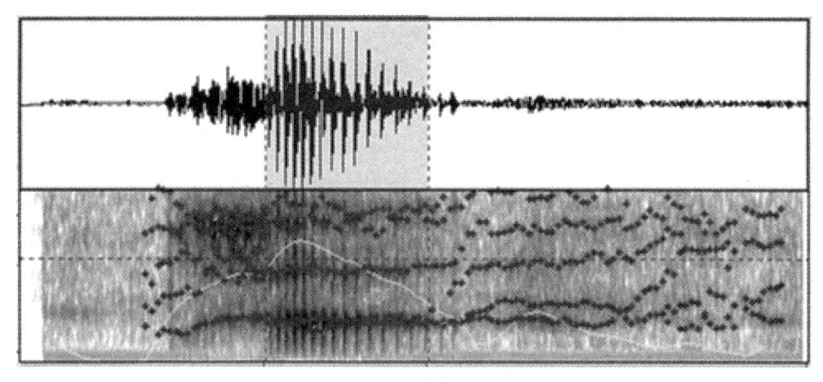

怕 a

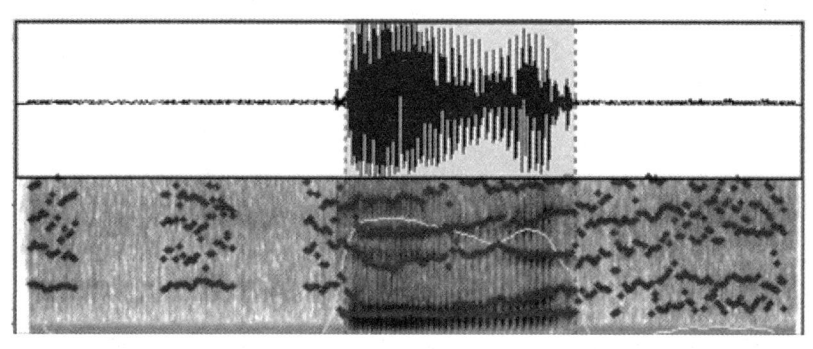

布 u

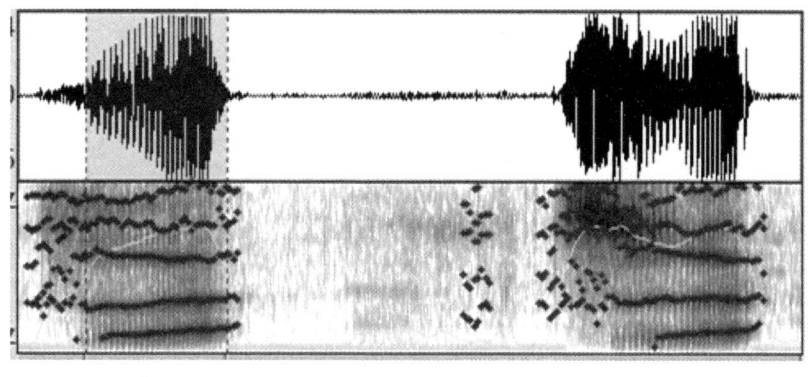

资 ɿ　　　　　　　　　　　　　　　　知 ʅ

第一步:截取元音片段(声波图中两条竖线选中区域),根据主要元音的音值区域来提取 F1 和 F2 的数值。

第二步：选定元音发生阈后，通过 Formant 就可以自动提取出此元音 F1、F2 的均值，如下图所示：

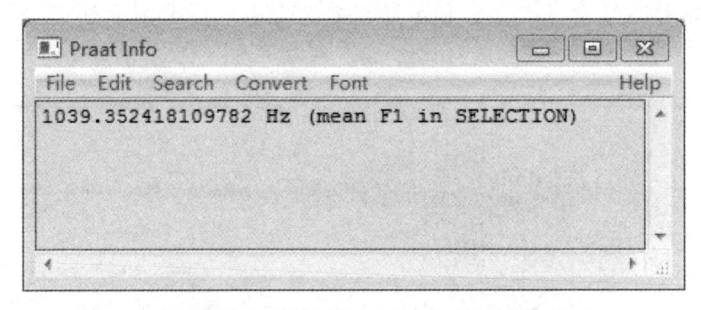

```
Praat Info
File  Edit  Search  Convert  Font                            Help
1039.352418109782 Hz (mean F1 in SELECTION)
```

[a] 第一共振峰 F1（Hz 赫兹）

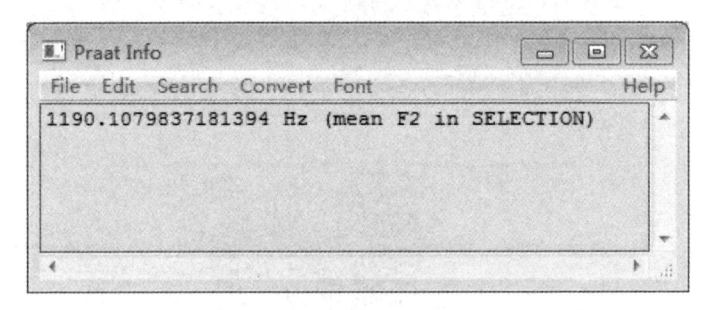

```
Praat Info
File  Edit  Search  Convert  Font                            Help
1190.1079837181394 Hz (mean F2 in SELECTION)
```

[a] 第二共振峰 F2（Hz 赫兹）

第三步：将采集收集到的各主要元音的第一共振峰 F1 和第二共振峰 F2 的声学参数 Hz（赫兹）输入到 Excel 中使用图表功能进行相关的图表制作，就可以得到下面的费城镇主要元音声学图，从中我们可以直接观察到费城镇主要元音的发音状况，具体地说包括元音的唇形圆展度和舌位前后等主要信息。

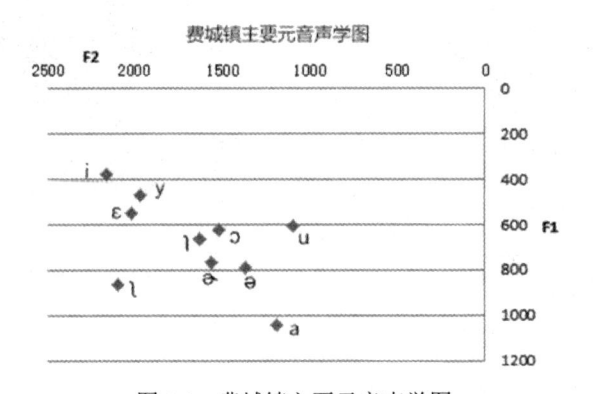

图 3.1　费城镇主要元音声学图

注：从费城镇元音声学图上我们发现元音 y 的实际音值更接近 ʏ。

	i	y	u	a	ɿ	ʅ	ɚ	o	ə	ɛ
F1	378	470	609	1039	663	865	768	624	788	547
F2	2159	1967	1093	1190	1634	2096	1567	1519	1373	2016

(单位：赫兹 Hz)

再看一下北京：

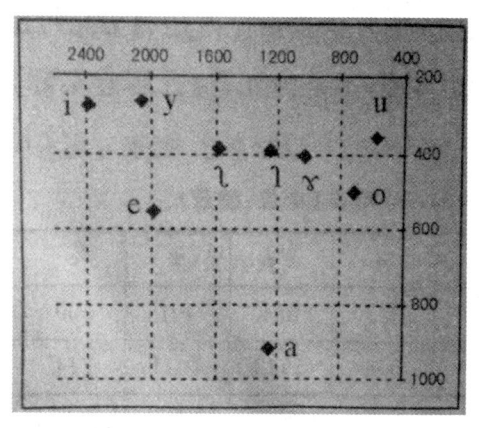

图 3.2 北京话九个韵体元音声学图

	i	y	u	e	ɤ	o	a	ɿ	ʅ
F1	276	268	357	554	407	500	918	392	389
F2	2388	2060	574	1942	1031	714	1257	1246	1576

(单位：赫兹 Hz)

注：以上北京话九个韵体元音声学图和下列元音基频值均来自朱晓农《语音学》(2010)[①]

对比费城镇十个元音的声学图和北京话九个元音的声学图，我们看到：粗略地说，费县元音的整体发音特点是：舌位较为靠前，且舌位整体偏低。我们知道舌位的高低与第一共振峰 F1 有关，这十个元音中，i 的 F1 最低，舌位最高，a 的 F1 最高；舌位的前后和唇形的圆展与第二共振峰 F2 相关，y 的 F2 最大，舌位最靠前，唇形也最圆，不过与北京话不同的是其 F1 稍大，与 a 接近因此舌位稍低；a 的 F2 最小，舌位最靠后。此外日化元音 ɚ 与央元音 ə 相比，舌位稍微靠前。

3.2.2 "儿"类字韵母 ɚ/ə/ɜ 语音实验分析

3.2.2.1 山东方言中"儿"类字读音的问题

在第二章声母研究部分我们曾提到过，"耳、儿、二、而"这几个常用字在费县口语中一般存在两种读音形式，即 lə 和 ɚ。这两类读法在山东许

---

① 朱晓农：《语音学》，商务印书馆 2010 年版，第 267—268 页。

多地方都有分布，其中一个一直有争议的问题是，"耳、儿"[ɚ]类字中的元音具体音值到底是什么？因为这个音凭听感来说似乎并非典型的ə，从发表的文章看有ɤ和ɯ几种①；据张树铮先生介绍，其实际音值各地也略有差异，主要是开口度大小的问题。此外，"ɚ"也有一个需要澄清的问题是：记作ɚ还是和普通话一样读ər（《临沂方言志》里"儿、耳"记作ər独列一类）。下面我们从实验分析的角度对它们进行声学分析，再对比费县18个乡镇里的声学发音情况对其逐一进行辨识，以确定哪个音值更接近费县方言此类字的语音实际，抑或是各乡镇存在着不同的音值类型？

ɚ、ɝ、ɚ̯一类的卷舌元音在语音学里通常被称作日化元音（据朱晓农）。另据 Maddieson（1984）年对 317 种语言的采样调查有日化元音的不到 1%，其中汉语和英语有日化语音，且使用非常普遍（2010）②，可见日化元音是一种比较特殊的语音现象。

日化元音在普通话（北京话）和北方官话中较常见，拼音记作 er。北京话的"儿"音发音最大的特点是卷舌音色十分浓重。从声学角度分析北京话的"儿"类字在发音上呈现的是一个从不卷舌的央—近低元音 ɐ 滑向卷舌的中央元音 ɚ，类似复合元音，因此它的读音实际音值通常有一个滑动的过程，其声学表现一般是 F1 与 F2 相距很近，但 F3 会随着舌尖的卷起而发生明显地下降趋势③，因此 F3 走势表现是辨别日化元音的主要声学表现。

读音卷舌是北京话里的"儿"类字的最大特点，但是在语音学的概念范畴里，卷舌并不是日化元音的必要特征，只是此类音中最显著的特点；而且日化元音里卷舌也有程度之分，如有普通、半卷舌、全卷舌等细致的分别④。

接下来我们将参考北京话里的"儿"类字读音及声学表现，对费县方言"儿"类字的读音进行具体的实验分析，主要从是否存在两种元音滑动过渡的动程以及卷舌与否这两个声学特征来进行综合考量，此外，卷舌度大小的判断也会包括在我们接下来的分析考量范围之中。

3.2.2.2 费县四点"儿"类字实验分析

费县方言里"儿"类字的发音情况我们先通过下面四个乡镇的发音情

---

① 张树铮先生在《寿光方言志》中记作ï，但实际音值为半高央元音ɘ，记作ï只是为了区别于ə并便于印刷。

② 朱晓农：《语音学》，商务印书馆 2010 年版，第 249—250 页。

③ 朱晓农：《语音学》，商务印书馆 2010 年版，第 249—250 页。

④ 朱晓农：《语音学》，商务印书馆 2010 年版，第 249—250 页。

况做一个详细的对比分析。选取的这四个乡镇分别是费城镇、刘庄镇、朱田镇和新桥镇，它们的发音情况具有代表性，基本上代表了"儿"类字韵母在费县其他乡镇的总体发音情况。

作为对比，我们先列出北京话"儿"类字的语图（"尔"）：

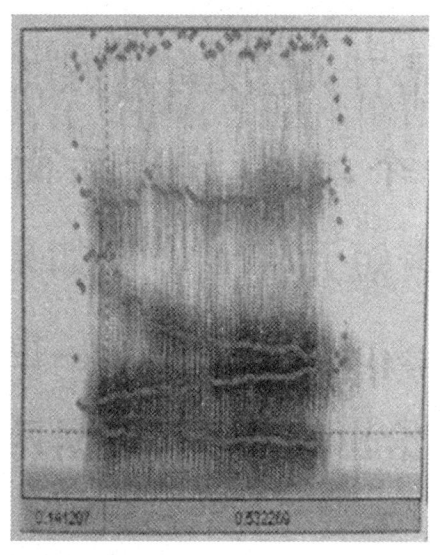

图3.3　北京话"尔"ɐɚ 语图
注：图片来自朱晓农 2010《语音学》

北京话"尔"的声学参数："F1 从 727Hz（赫兹）降到收音处的 583Hz（赫兹），F2 从 1131Hz（赫兹）升到 1416Hz（赫兹）"，F3 降势明显（日化元音主要声学特征）[①]。

再看包括费城在内的四点的语图：

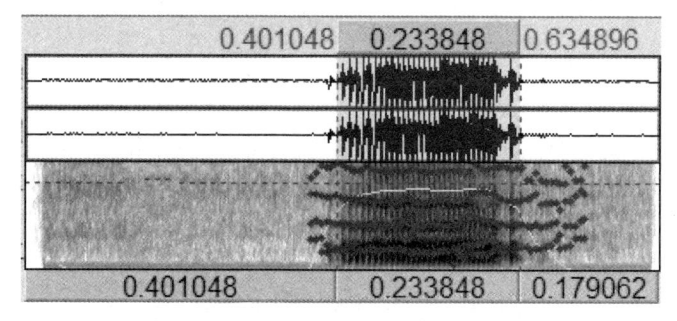

图3.4　费城镇"耳"ɚ

[①] 朱晓农：《语音学》，商务印书馆 2010 年版，第 269 页。

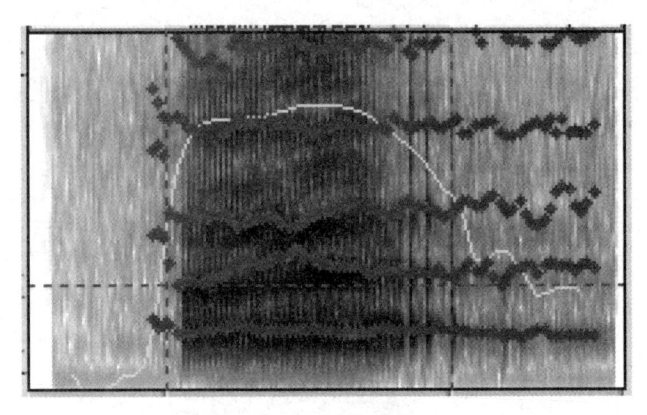

图 3.5 刘庄镇"耳"ɚ

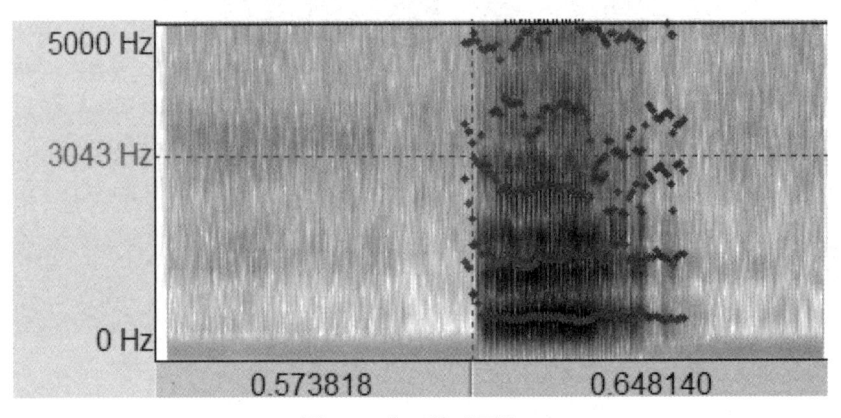

图 3.6 朱田镇"耳"ɚ

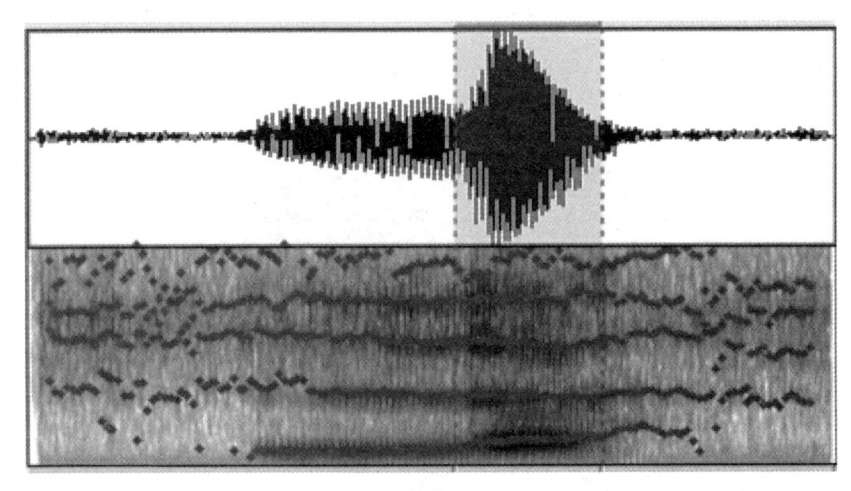

图 3.7 新桥镇"耳"lə

对比费城镇、刘庄镇、朱田镇这三个乡镇的读音，从他们的宽带图上我们首先可以发现费城镇和刘庄镇第一、第二和第三共振峰基本保持着平行的态势，它们的 F2 的峰形走势均不稳定。F2 的走势一般预示着是否具有滑音的过程，但是在费城镇、刘庄镇的宽带图上只是分别在音段 2/3 处和在接近中间音段的地方开始表现出一小段微弱上滑的趋势，但瞬间又呈现出收势状并下滑至平行的态势，由此说明其并不具备向卷舌央元音滑动的过程。更为重要的是第三共振峰 F3 的走势，它直接关涉到卷舌的音色问题。然而费城镇和刘庄镇的第三共振峰 F3 不但峰形极不稳定，而且其所呈现出来的微弱下滑的态势也只出现在 F3 的尾部，即快收音的地方，说明其卷舌色彩已经很弱，而且微弱的卷舌也仅仅是出现在快要收音的时候，即舌位稍稍抬起便收音了。

其次，朱田镇的儿化音与费城镇和刘庄镇相比虽有共性，但其差异也十分显著：在朱田镇的语音宽带图上，第一、第二共振峰 F1、F2 两者间距同样不大，此外，朱田镇第二共振峰 F2 的走势与费城镇和刘庄镇的 F2 表现相似，不但峰形略显紊乱，而且在其音段各位置上也没有显现出明显上升的趋势，由此可见费城镇同其他两个乡镇（费城镇和刘庄镇）的儿化音一样没有两个不同音色之间滑落过渡的过程，其反映的应是一个单音色音段。比较起来看，他们之间区别的重点集中表现在第三共振峰 F3 上，朱田镇第三共振峰 F3 有明显下滑的趋势，这表明其卷舌音态势明显，从上图游标处 F3 起点（成阻点）我们测得其声学参数约为 3043Hz（赫兹），而伴随着卷舌动作第三共振峰 F3 开始匀势滑向收音处（除阻点），测得其收音处的频率约为 2146Hz（赫兹），从起点到收音点前后频率落差值约为 897Hz（赫兹），前面我们介绍过 F3 的走势与卷舌音色有直接的关系，即 F3 起势向尾势滑落的过程是卷舌动作的一个标志。说明与费城镇和刘庄镇相比，朱田镇的儿化音卷舌动作不但明显，且卷舌程度相对来说要更高一些。这点我们在记音过程中凭听感也得到了同样的结果。

简言之，就"儿"类音来说，通过以上的实验分析我们可以做出如下判断：费城镇、刘庄镇和朱田镇 "耳"的读音都是一个单音色单位，相较于其他一些文献资料里的记音，如《临沂方言志》将"儿、耳"音值记作"ər"，记作 ɚ 更符合其语音实质。此外，这三个乡镇虽然都发卷舌元音 ɚ，但在卷舌程度上，朱田镇的卷舌程度最强，其次是费城镇和刘庄镇，而费县剩下的乡镇里情况大体一致，只是在卷舌动作上稍有程度上的差异。推测各乡镇之间（这里面也包括个体差异）卷舌动作产生强弱程度差异的原因有一部分是由于"耳"老派读音 lɚ 韵母的影响，由于"儿、耳、二、而"几个高频词在新派中还有一定的使用范围，在新、老派读音中仍有很深的影响，因此在发零声母 ɚ 韵卷舌动作弱化的元音是受到浊声母带 ə 韵的影响，在发读书音 ɚ 韵时在白读音 ə 韵的基础上添加一个卷舌动作，只是在 ə 韵影响程度深的人群范围内卷舌色彩弱化许多。当然除此之外我们也无法排除这里面也存在个体发音习惯上的差异等等因素。

至于新桥镇的耳 lə 类字韵母，从其宽带图上我们可以清晰地看到它与前面三个乡镇之间的语音差异：首先，由于韵母前有舌尖后浊边音 l，因此在声母音段位置可以看到很清晰的浊声杠，而重点是其后面紧随的元音音段表现，宽带图上两条竖线选中的区域即元音音域，图中起重要参考作用的前三条共振峰，第一、第二、第三共振峰 F1、F2 和 F3 大致处于等距离的位置，且三条共振峰全都处于平行态势。其次，F1、F2、F3 三条共振峰不但峰形清晰且走势笔直平稳。具体地说，第一共振峰 F1 尾部略有抬头的趋势，第二共振峰 F2 各音段位置平直丝毫没有升起的态势，因此不具备不同音色元音滑落过渡的过程，是一个单音色音位；更重要的是第三共振峰 F3 的峰形，清晰笔直且完全没有下降滑落的趋势，这说明元音段完全不带有卷舌色彩，在元音音域处舌位并没有卷起，因此综合以上种种声学分析其音值不符合卷舌音 ɚ。

关于此前对其音值是否存在卷舌色彩的争议，我们认为，这与其韵母前的舌尖后浊边音 l 有很大的关系，l 是卷舌辅音。舌尖后卷舌辅音 l 发音时自身舌位就表现得比较靠后，并且其在发音起始阶段就开始带有卷舌色彩，整个辅音声母的发音过程一直伴随着卷舌动作，当声母音势向韵母元音过渡时，这个过渡过程瞬间发生因此其动程十分短暂，卷起的舌位在快速的过渡过程中常常来不及舒展到平舌舌位就开始顺势接起元音舌位了，在协同作用下元音舌位似乎也带上了卷舌动作，因此，卷舌声母 l 向韵母 ə 的发音过程，ə 音开始若带有卷舌色彩的话那也只是一个舌位由卷起向平展的一个中间过渡阶段，从整个韵母音值上看其应是不带卷舌色彩的，这一点通过前面的声学分析已得到了验证。

我们知道 F1 和 F2 的频率大小提供了元音舌位前后高低变化的信息，因此，根据这四个乡镇韵母具体音值的前两个共振峰频率——第一共振峰 F1 和第二共振峰 F2，将四个乡镇的元音制成声学图来观察其舌位的变化，如图 3.8 所示：

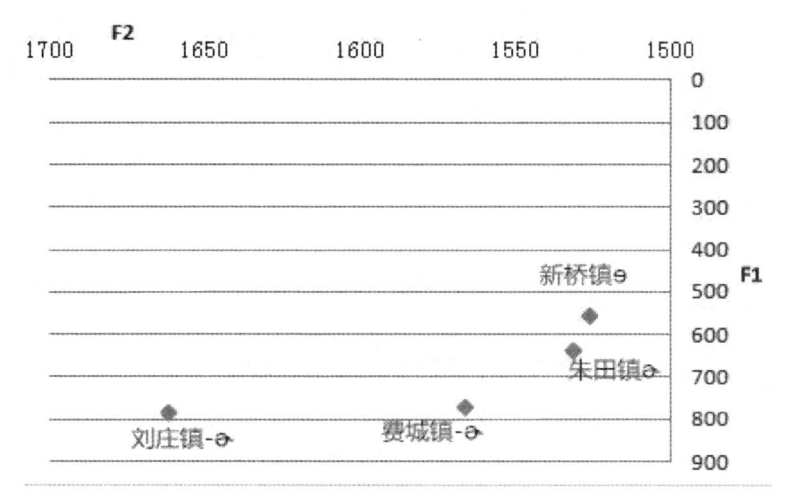

```
         F2
1700        1650        1600        1550        1500
                                                        0
                                                        100
                                                        200
                                                        300
                                                        400
                                             新桥镇ə     F1
                                              ♦         500
                                                        600
                                         朱田镇ɚ
                                            ♦           700
                    刘庄镇-ɚ           费城镇-ɚ           800
                      ♦                  ♦              
                                                        900
```

图 3.8　费县四镇元音"ɚ/ə"舌位声学图

注：图中元音前负号"-"表示卷舌程度相对要弱。

| 共振峰 | F1 | F2 | F3 | （赫兹 Hz） |

费城镇 ɚ：　768　　1567　　2664

刘庄镇 ɚ：　781　　1662　　2398

朱田镇 ɚ：　633　　1532　　2514

新桥镇 ə：　555　　1527　　2739

从图 3.8 中我们观察到这四个乡镇元音舌位高低前后的对比差异，具体来说是：1. 四个乡镇中的"耳"，新桥镇 ə 韵的舌位最高且靠后，其舌位特点与声母 l̩ 有直接的关系；刘庄镇韵母元音舌位最靠前，舌位靠前表明其卷舌色彩已表现得很弱，但其舌位相对较低，与费城镇舌位基本处在一条低水平线上，舌位相对较低则反映出其仍带有一定的卷舌动作以至于达不到不带卷舌动作的 ə 音所达到的舌位高度；费城镇的元音韵母舌位较低位置相对居中，舌位低与其卷舌动作有直接关系，至于舌位相对靠后则反映出：与刘庄镇相比费城镇的卷舌程度要稍微强一点，由此带动其舌位跟着也稍微向后靠，但它与卷舌程度最大的朱田镇相比还要弱很多；我们在记音过程中凭听感也确有这种卷舌程度大小有别的印象。2. 综合对比，四个乡镇元音舌位的前后对比为：刘庄镇 ɚ＞费城镇 ɚ＞朱田镇 ɚ＞新桥镇 ə；舌位的高低大小对比为：新桥镇 ə＞朱田镇 ɚ＞费城镇 ɚ＞刘庄镇 ɚ。3. 经对比我们得出以下结论：三个乡镇（不包括新桥镇 ə）"耳"的卷舌程度强弱对比为：朱田镇 ɚ＞费城镇 ɚ＞刘庄镇 ɚ。

通过以上实验分析最后得出的结论是：在费县全部 18 个乡镇中，无论是新派还是老派发音人中，"耳、儿、二、而"这几个高频字韵母存在着 ɚ

或 ɚ 两种读音形式，上述朱田镇、费城镇、刘庄镇和新桥镇分别代表了这两种读音形式在卷舌与否、卷舌程度上的所有发音情况。

关于新桥镇"耳"lə 韵母的音值问题，可以通过接下来的对比分析以辨析其实际音值情况。先观察图 3.9 所示的新桥镇"辣鹿（绿）梨车"的四幅语图样本：

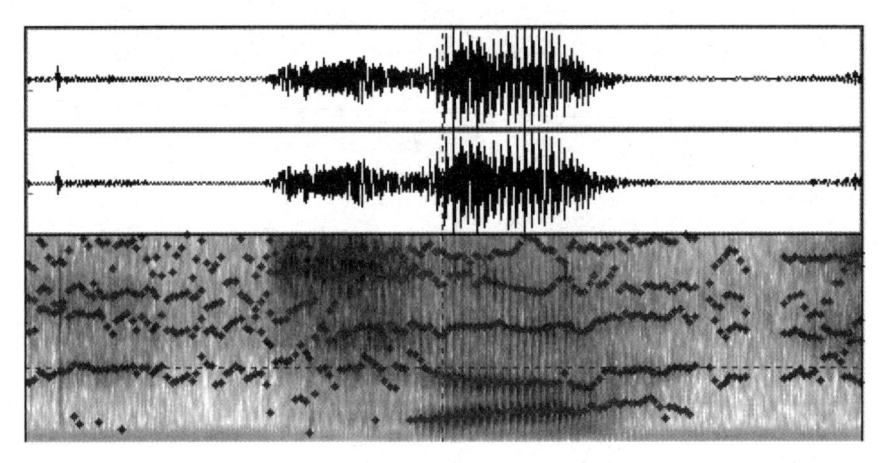

新桥镇"辣"la

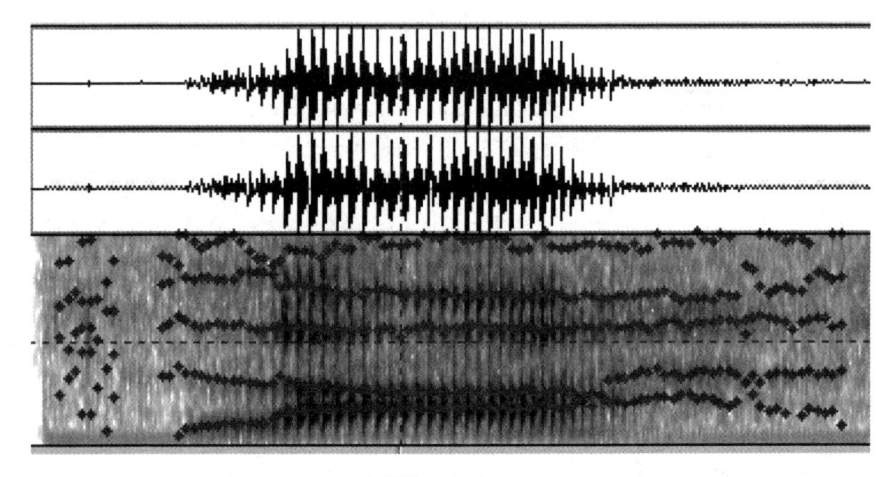

新桥镇"鹿/绿"lu

鹿　　　　　　　　　　　　　　　绿

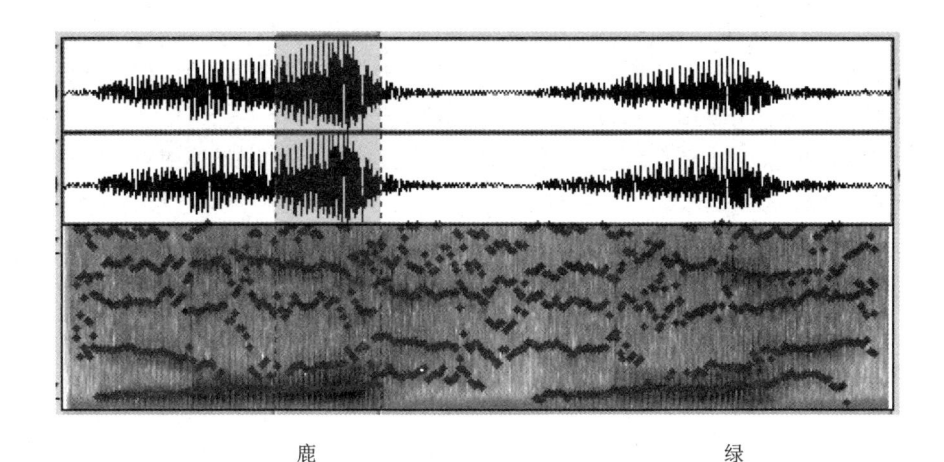

新桥镇"梨" li

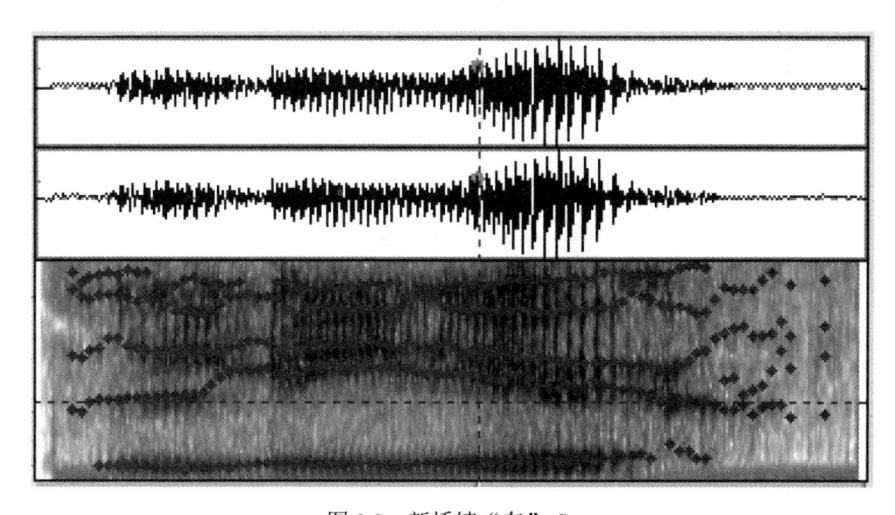

图 3.9　新桥镇"车" tʃʰə

将新桥镇样本"辣鹿（绿）梨车"（图 3.9）与"耳"（图 3.7）的语音宽带图进行对比可发现，不同韵母的共振峰 F1、F2 和 F3 的走势和间距差距很大，元音音值与第一共振峰 F1、第二共振峰 F2 和第三共振峰 F3 有直接关系，我们也依此来区分不同元音的音值单位，这里重点观察"耳"与"车"的语图对比，其他样本在此做对比参考。前面我们曾分析新桥镇"耳"（图 3.7）的声学表现，具体是：图中起重要参考作用的前三条共振峰，第一、第二、第三共振峰 F1、F2 和 F3 大致处于等距离的位置，且三条共振峰全都处于平行态势。与此同时，F1、F2、F3 三条共振峰不但峰形清晰且走势笔直平稳。具体地说，第一共振峰 F1 尾部略有抬头的趋势，第二共振峰 F2 各音段位置平直丝毫没有升起的态势，因此不具备不同音色元音滑落过渡的过程，是一个单音色音位；更重要的是第三共振峰 F3 的峰形，清晰笔直且完全没有下降滑落的趋势，这说明元音段完全不带有卷舌色彩，在元音音域处舌位并没有卷起。"耳"这样的声学特点与"车"ə 的三条共振峰 F1、F2、F3 表现出来的声学特点几乎一致。那么这两个音值是否完全一致呢？下面将这五个样本的 F1、F2 的基频均值采集后用 Excel 绘制成元音舌位声学图来进一步观察，请看图 3.10：

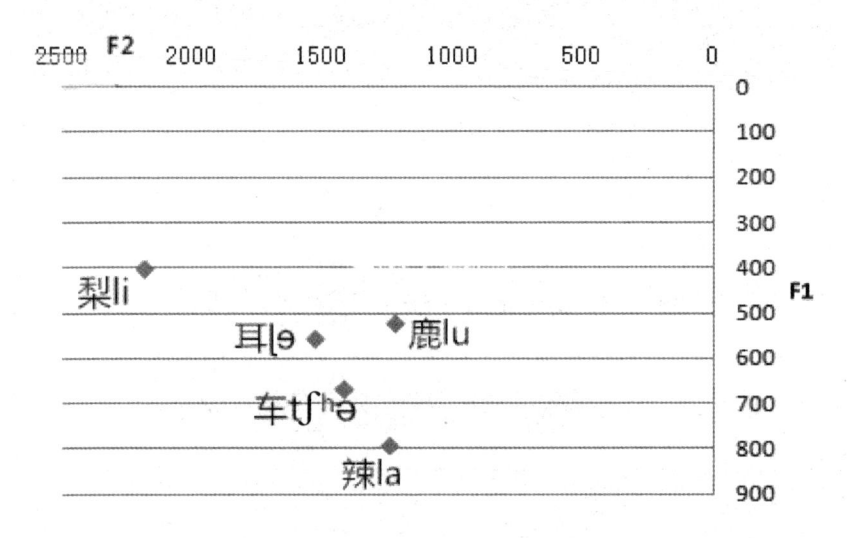

图 3.10 新桥镇"车辣鹿梨耳"元音舌位声学图

	F1	F2	F3（单位：赫兹 Hz）		F1	F2	F3（单位：赫兹 Hz）
车 tʃʰə	668	1417	2711	鹿 lu	519	1217	2772
辣 la	790	1244	2706	梨 li	403	2182	2709
耳 lə	555	1527	2739				

舌位图上"耳"的位置与"车"韵母央元音 ə 的位置有一定距离，这反映出两者间存在着一定的差异，首先表现在"耳"的韵母元音舌位与"得"ə 相比其舌位较高且舌位也较靠前，至于一些人从听感上辨析认为其带有卷舌色彩 ɚ，这应是卷舌声母 ḽ 的带动关系下（或拉动影响）造成的。对于"耳"韵母不带卷舌色彩，这一点可以从上面的语图得到证实，因为"耳"的三条共振峰 F1、F2、F3 的走势（特别是 F3 走势平直）表明其不带卷舌色彩是毋庸置疑的。不过与央元音 ə 相比，若简单地依据其三条共振峰的走势与之相近来判断其与央元音音色一致则未免有些草率，因为从声学图上可以很明显地看出其在舌位高低前后方面与央元音相比仍有一定的

差距，主要是"耳"元音韵母舌位表现得稍高且靠前。考虑到这些声学差异，对比元音舌面图，再从听感上反复判断，我们认为新桥镇"耳"的韵母记作半高元音 ɘ 更符合当地的语音实际，即耳[lɘ⁴⁴]。

3.3 韵母系统的历时考察

3.3.1 费县方言韵母与中古韵母系统的比较

费县方言韵母与中古音的关系参见表 3.1[①]：

表 3.1　　费县（费城镇）方言韵母与中古音对应简表

中古韵母				费县韵母	例字
摄	开合	等	韵系		
通摄	合	一	东屋冬沃	阳声：əŋ oŋ ioŋ	蒙凤东脓龙熊
		三	东屋钟烛	入声：u y eu iou	毒木菊沃六足玉
江摄	开	二	江觉	阳声：aŋ iaŋ uaŋ 入声：ə ue yə	胖江讲撞窗 剥握学确
止摄	开合	三	支脂之微	开口：ʅ ɿ i ɜ ɚ 合口：ei uɛ uei	皮紫池儿次二时衣 累飞揣帅规醉
遇摄	合	一	模	u　　y	五路布除女猪父树
		三	鱼虞		句雨举
蟹摄	开合	一	咍秦灰	开口：i ʅ ɛ iɛ	厉世细耐太埋械阶买街寨
		二	皆佳夬泰		
		三	祭废	合口：ei uɛ ua uei	贝坏歪税话腿最慧
		四	齐		
臻摄	开合	一	痕魂没	阳声：ẽ iẽ uẽ yẽ	根吞斤门村均顺分文云
		三	真质殷迄谆术文物	入声：ʅ i u uɛ y yə	日七乞骨出物率律偓
山摄	开合	一	寒曷桓末	阳声：ã iã uã yã	汗战盼山弯万半班颜偏演乱全元犬
		二	山黠删辖		
		三	仙薛元月	入声：a ə ia ua uɛ yə	辖拉八刷发舌袜刮蝎铁列撮阅说月血
		四	先屑		

[①] 田静：《费县方言语音研究》，硕士学位论文，山东师范大学，2010 年，第 53—61 页。

续表

中古韵母				费县韵母	例字
摄	开合	等	韵系		
效摄	开	一	豪	ɔ iɔ	毛闹交咬超笑浇挑
		二	肴		
		三	宵		
		四	萧		
果摄	开合	一	歌戈	开口：ə iə yə 合口：uə	个哥茄波瘸 多坐
		三	戈		
假摄	开	二三	麻	a ə iə ua	爸家姐写车惹
	合	二	麻		
宕摄	开合	一	唐铎	阳声：aŋ iaŋ uaŋ 入声：ə u uə yə	帮肠放娘光王 博各缚作弱药镬
		三	阳药		
梗摄	开合	二	庚陌耕麦	阳声：uaŋ əŋ iŋ oŋ ioŋ 入声：ɿ a ə i uə ei	矿横生正争硬杏听营幸兵静轰兄 石打赫扼激逆疫虢获白麦
		三	耕陌清昔		
		四	青锡		
曾摄	开合	一	登德	阳声：ẽ əŋ iŋ oŋ 入声：ə ɿ i y ei uə	肯朋等剩兴弘 克侧值食息域黑或国
		三	蒸职		
流摄	开	一	侯	ɔ u ou iou	茂母楼走富口流丑丢纠
		三	尤幽		
深摄	开	三	侵缉	阳声：ẽ iẽ 入声：ɿ i u ə	沉针心金 十立吸急入蛰
咸摄	开	一	覃合谈盍	阳声：ã iã 入声：a ə ia iə	胆含站监咸闪欠点凡严 答眨乏合夹狭接叶
		二	咸洽衔狎		
		三	盐叶严业		
		四	添贴		
	合	三	凡乏		

3.3.2 关于宕江曾梗摄入声的文白异读

方言中的文白异读现象近些年来引起了学者们极为广泛的研究兴趣，它也是研究方言语音历史层次一种新的视角。丁邦新先生（2012）指出，"历史层次基本上指文白异读，一般的了解白读是白话音，文读就是读书音。标准的情形是文白两层，但事实上情形复杂，有的方言文读有两层，有的方言白读有两层。在同一个方言中文白共存，实际应用上合成一体，这时候可能有新的文读层进来，也可能受到其他方言的影响产生新的白话层，文白也可能彼此影响产生新的第三种读音"①。一般情况下，方言的白读音大多保留了方言早期相对原始的语音特点，代表了一种较早的读音形式。不过方言的演变是极为复杂的，"顺势发展与逆行演变并存"②，既可以产生叠置式音变的结果，也有扩散式音变的结果。比如对北京话的文白异读所代表的历史层次问题，各学者就颇有争议，李荣先生（1982）研究认为北京话的文读往往是本地的，白读是从外地借来的；耿振生先生（2003）就对此却提出了完全相反的意见；丁邦新先生也提出了新的观点，他认为北京话是文读音是旧音，白读是新音，但他同时解释到北京话的文读音是以早期的白话音为主，后经文白彼此影响后产生的新的第三种文读形式③。由此可见文白异读反映出来的历史层次是具有相对性和针对性的。

从山东方言来看，各方言间古咸山深臻四摄入声的今韵母对应比较整齐，只有少数咸山摄一等开口见组字（如"割渴磕喝"）东区（胶辽官话区）读 a 类韵母而其他地区读 ə 类韵母。但是，古宕江曾梗通五摄入声字韵母读音存在较大差异。简单地说，鲁西北（黄河以北）的德州地区与普通话和河北方言（以及东北官话）比较接近，这几个摄的入声字的韵母都存在不同程度的不整齐现象；而其他地区的韵母则比较整齐。下面比较一下几个点的读音情况。

---

① 丁邦新：《汉语方言中的历史层次》，《中国语文》2012 年第 5 期。
② 钱曾怡：《方言研究中的几种辩证关系》，《文史哲》2004 年第 5 期。
③ 丁邦新：《汉语方言中的历史层次》，《中国语文》2012 年第 5 期。

表 3.2　　山东方言古宕江曾梗通摄入声字韵母的读音

例字 （摄韵）	东区 东莱片	东区 东潍片	西区 西齐片		西区 西鲁片	
	荣成	寿光	济南	德州	菏泽	临沂
作（宕铎）	ɔ	uə	uə	uə	uə	uɤ
烙（宕铎）	ɔ	uə	uə	ɔ	uə	uɤ
脚（宕药）	yɔ	yə	yə	iɔ	yə	yə
削（宕药）	yɔ	yə	yə	iɔ	uə	yə
学（江觉）	yɔ	yə	yə	iɔ	yə	yə
桌（江觉）	ɔ	uə	uə	uə	uə	uɤ
北（曾德）	ɛ	ei	ei	ei	ei	e
色（曾职）	ɛ	ei	ei	ɛ	ei	e
百（梗陌）	ɛ	ei	ei	ɛ	ei	e
麦（梗麦）	ɛ	ei	ei	ɛ	ei	e
触（通烛）	u	u	u	u	u	u
熟（通屋）	y	u	u	ou／u	u	u

说明：①上表资料据《山东省志·方言志》。其中临沂一点的 e 实际音值与其他点的 ei 相当，yə 原记作 ye，则属记音有误，今据其实际音值改作 yə。

②以上只列各摄有差异的字，相同的未列。如"力（曾职）"各地均读 i 韵母，"录（通烛）"均读 u 韵母之类。

由表 3.2 可知：

（1）宕江两摄入声的主要元音，荣成都是 ɔ，寿光、济南、菏泽、临沂都是 ə；德州则有 ɔ 有 ə。

（2）曾梗两摄入声的主要元音，荣成都是 ɛ，寿光、济南、菏泽、临沂都是 ei；德州则有 ei 有 ɛ。

（3）通摄入声的主要元音，荣成是 u 或 y，寿光、济南、菏泽、临沂都是 u，德州有 u 有 ou。

费县方言宕江曾梗通五摄的入声字韵母读音与山东方言西区的西鲁片基本一致。下面请看上列例字在费城镇老派方言中的读音：

作（宕铎）tsuə²¹³　　烙（宕铎）luə²¹³　　脚（宕药）tɕyə²¹³
削（宕药）ɕyə²¹³　　学（江觉）ɕyə⁵³　　桌（江觉）tʂuə²¹³
北（曾德）pei²¹³　　色（曾职）ʂei²¹³　　百（梗陌）pei²¹³
麦（梗麦）mei²¹³　　触（通烛）tʂu²¹³　　熟（通屋）ʂu⁵³

与附近的临沂方言很是接近。

值得注意的是，现在的费县方言中，古宕江曾梗通五摄入声字的韵母存在着数量不少的异读。下表列出一些较为常见的异读字：

表 3.3　　　　　　　古宕江曾梗开口入声字文白异读例字表

	勺开三		着开三		药开三		嚼开三		脚开三		钥开三		削开三		烙开三	
宕摄入	文	白	文	白	文	白	文	白	文	白	文	白	文	白	文	白
	ɔ	uə	ɔ	uə	iɔ	yə	iɔ	yə	iɔ	yə	iɔ	yə	iɔ	yə	ɔ	uə
	学开二		剥开二		乐开二		角开二		镯开二		戳开二		觉开二		跃开三	
江摄入	文	白	文	白	文	白	文	白	文	白	文	白	文	白	文	白
	yə	iɔ	uə	a	yə	iɔ	yə	iɔ	uə	ə	uə	a	yə	iɔ	yə	iɔ
	克开一		墨开一		德开一		则开一		塞开一		测开三		色开三		刻开一	
曾摄入	文	白	文	白	文	白	文	白	文	白	文	白	文	白	文	白
	ə	ei	ə	ei	ə	ei	ə	ei	ə	ei	ə	ei	ə	ei	ə	ei
	白开二		拍开二		隔开二		择开二		摘开二		格开二		客开二		麦开二	
梗摄入	文	白	文	白	文	白	文	白	文	白	文	白	文	白	文	白
	ɛ	ei	ɛ	ei	ə	ei	ə	ei	ə	ei	ə	ei	ə	ei	ɛ	ei

表 3.3 例字，可以分为两种情况。一种是近几十年来受普通话影响而产生的新文读，其特点是不受古韵母系统的制约而采用了与普通话对应的方言韵类。宕摄、曾摄、梗摄的各个例字均属于此类。宕摄入声的 ɔ、iɔ 类韵母对应于普通话的 au、iau，与效摄韵母同类；曾摄、梗摄的 ə 韵母对应于普通话的 e，与果假摄的一些字同类，ɛ 韵母对应于普通话的 ai，与来自蟹摄的一些字同类。

更值得我们重视的是另一种异读，这就是见于江摄的异读，这些异读并非近几十年以来受普通话影响的结果，而是早已存在于方言之中的。它们集中出现在江摄，说明了江摄入声（觉韵）演变的一些特异之处。

觉韵的这些异读字按其读音可以分为三类：

甲：学乐角觉跃。这一类的特点是白读韵母为 iɔ，文读为 yə。

乙：剥戳。这一类的特点是白读韵母为 a，文读为 uə。

丙：镯。这一类的特点是白读韵母为开口呼的ɔ，文读为合口呼的uə。下面我们分别对此进行讨论。

（1）江摄入声甲类异读

这类异读请参看上表3.3，实际上与德州一带以及河北、天津的冀鲁官话、北京官话、东北官话特点是一致的，都是江摄入声读同效摄，在北京是读au、iau，在山东是读ɔ、iɔ。这种现象如果发生在与德州地区相邻的方言中，那是并不为奇的，可以认为是邻近方言影响的结果。但是，费县距离德州一带有数百公里，且有泰山、沂山相隔，其间以及周边的地区都没有类似现象的报道，这是颇为费解的。因此，我们目前只能认为这是江摄入声曾与效摄相近的遗留现象。

江摄在中古韵母系统中，本与通摄相近，一般的拟音是*ɔŋ/*ɔk。后来阳声韵读为aŋ/iaŋ，从而与宕摄合并；入声韵看来也与宕摄入声铎韵、药韵发生了合并，因为觉韵与宕摄入声特别是药韵有许多平行的演变（觉韵属二等韵，喉牙音后孳生了i介音）。例如北京话：

觉韵：觉 yə/iau 浊 uo 确 yɛ 薄 o/au 镯 uo 剥 o/au 岳 yɛ

药韵：脚 yə/iau 灼 uo 却 yɛ

铎韵：　　　　　　　　　博 o 作 uo 落 uo/au 乐 yɛ

《中原音韵》中，部分宕摄江摄入声字萧豪韵与歌戈韵两收，如"浊镯铎薄学缚凿著芍岳药"等。这说明元代的北京话中这些字就有au（iau）与uɔ（iɔ）的异读，只不过一般认为，读萧豪韵的是白读，而读歌戈韵的是文读。《中原音韵》的这种现象与现代的北京、天津、河北一带方言以及山东邻近河北的德州地区方言一致，这也是这一带方言宕江摄入声读入萧豪韵的历史源头。耿振生（2003）认为，北京及周围地区古宕江曾梗通摄的入声字的白读音在宋代就已经存在，"宕江摄入声字，北京话的读书音是ɤ、o、uo、yə，与果摄相同，……白话音有宕江摄的au、iau，韵母与效摄合流……，这在洛阳一带是没有的，这一类白话音主要存在于河北和东北。唐宋以前，洛阳一带的方音在共同语中占主导地位，对各地的方言都可能产生影响，相距不很远的北京地区受其影响自在情理致之中。《中原音韵》所反映的元代大都话，宕、江、通摄入声字都有文白异读，这意味着这些韵的读书音已经在宋代以前产生，时间上符合河南、北京两地方言的关系，北京话的读书音跟洛阳等地一致，说明这一读音层来自洛阳一带的中州音，时间不晚于宋代"[①]。

[①] 耿振生：《北京话文白异读的形成》，《语言学论丛（第27辑）》，商务印书馆2003年版，第60—61页。

第三章　韵母研究

不过，费县方言与《中原音韵》宕江摄入声读入萧豪的现象应该没有直接的关系，因为上文说到，费县周边的方言，从济南以南的冀鲁官话到苏北的中原官话，都没有这种现象的报道。

我们把目光转向距离费县更近、也比《中原音韵》更早、作于北宋时期的邵雍（1011~1077）《皇极经世书》。该书卷七至卷十为声音倡和图，其中的正声图中，"岳"（中古觉韵）与"刀早孝"（均为中古效摄）相配，"霍"（中古铎韵）与"毛宝报"（均为中古效摄）相配。这应该是《中原音韵》宕江摄入声读入萧豪的滥觞。邵雍本范阳（今河北涿州）人，年少时随父亲"徙衡漳（今河南林县），又徙共城（今河南辉县）。雍年三十（据有关史料为37岁），游河南（指黄河之南），葬其亲伊水上，遂为河南人"。（《宋史·邵雍传》）他的出生地也就是说他的母方言今为冀鲁官话区保唐片，属于宕江摄入声读入萧豪的地区，这不能不让人产生《皇极经世书》中"岳"与"霍"的这种表现反映的是其母方言的疑窦。不过周祖谟《宋代汴洛语音考》（1942）指出：

> 至其语音之方域，史称雍之先世本籍范阳，幼从父徙共城，晚迁河南，高蹈不仕，居伊洛间垂三十年，是其音即洛邑之方音矣。然犹未敢自信也。洎以河南人士如二程尹洙陈与义四家之诗考之，果皆若合符节，……比思宋之汴梁去洛未远，车轨交错，冠盖频繁，则其语音亦必相近。及取汴畿辅人士之诗文证之，韵类果无以异。即是而推，则邵氏之书不仅为洛邑之方音，亦即当时中州之恒言矣[①]。

据此，则远在北宋，中原地区方言中宕江摄入声字的韵母就曾与萧豪韵瓜葛，只不过后来宕江摄入声在中原官话以及山东的大部分冀鲁官话区中比较整齐地变入歌戈，只有河北天津的冀鲁官话、北京官话和东北官话保留这种现象。由此来看，费县方言中江摄入声字白读如萧豪韵的现象有可能是宋时中原音韵母特点的遗留，当然这还需要更多资料的证明。同时也需注意，费县方言与北京、河北等地以及山东德州地区的不同是，只有江摄入声字才有读入萧豪的异读，宕摄入声字并无此类异读。

（2）江摄入声乙类异读

这一类的"剥"的韵母读 a 其实是山东方言中比较普遍存在的现象。从山东方言来看，《山东省志·方言志》所收的 36 点之中，荣成、牟平、烟台、莱州、平度、青岛、胶南、日照、诸城、沂水、潍坊、临朐、寿光、利津、无棣、博山、新泰 17 点白读韵母为 a，总的来说，东区的全部和鲁

[①] 周祖谟：《问学集》，中华书局 1966 年版，第 582 页。

中地区（属冀鲁官话区）的全部都是如此。其中离费县最近的是沂水和新泰。此外，北方许多地方把"剥皮"读成"扒皮"，相声中有著名的段子《扒马褂》，"扒"就是"剥"。江摄与宕摄合并之后，主要元音也由中古的ɔ变为了a，后来韵母读o、ə是进一步演化的结果。所以，觉韵字今读韵母为a实际上是保留了较早时期的读音。今山东方言中，觉韵字在东区读a韵母的还有几个字。如寿光（声调不计）：角，白读tɕia，文读tɕyə；雹，pa；搉（敲击），tɕʰia。沂水上述字韵母均为a/ia，"雹"字今临沂和新泰也有pa的异读，"角"字新泰也有tɕia的异读。因此，费县方言中"剥"读a韵母与上述地区觉韵部分字读a/ia是相关联的，就现有材料看，应该算是觉韵部分字读a/ia最靠南的地区了。此外，德州一带江摄入声一般没有a/ia的异读，但是，"岳"（疑母觉韵）字作为姓氏或地名时读作ia[21]。地名、人名等往往是最顽固地保留古读的阵地，所以，这应该也是德州一带觉韵曾读a/ia的最后的保留。清代早期蒲松龄《聊斋俚曲集》中"觉"字多次与家麻韵的字押韵，说明也有a/ia韵母的读法[①]。总之，上述现象表明，在古代可能有更大的地域将江摄入声字读为a/ia韵（字数应该也更多），只是后代受通语的影响才变化为uə/yə韵母。

"戳"字也是觉韵字，白读a韵母还没有见到其他方言的报道。不过由于上述的语音史背景，该字读a韵应该也属于觉韵读a韵母现象的遗留。

（3）江摄入声丙类异读

"镯"字与上述两类不同，白读ə与文读uə看起来差别不大，主要元音相同，也就是属于同一个韵类，只是开合口不同而已。这种现象的产生可能与两个因素有关：一个是历史因素，一个是方言因素。从历史因素来看，江摄只有一个韵系，就是江讲绛觉，中古时期的韵图都归于开口，只不过在后代发生了分化。其中，喉牙音声母后阳声韵都读开口（含今齐齿呼），如"港江讲绛腔项巷"，入声韵都读合口（含今撮口呼），如"觉角乐确学岳握"，可见江摄阳声韵与入声韵后来的变化并不平行；此外，读合口的入声字有不少在北京等地的方言中有开口的异读，开口是白读，合口是文读，可以说在开合口上白读保留了古读。唇音声母后阳声韵今读开口呼，如"邦棒庞"，入声韵今读合口（如"朴璞"）或开口（如"驳剥雹"）。舌齿音声母后读合口，如"桩窗双捉桌浊琢"。因此，如果"镯"字读成开口，未尝不可以认为是古音开口的保留。不过另外一个因素可能性更大，这就是费县方言中知系字老派都读齿唇音pf、pfʰ、f，相应地韵母都是开口呼，如"庄"读pfaŋ，"窗"读pfʰaŋ，"双"读faŋ。因此，"镯"字老派读pfə。但可能是

[①] 张树铮：《清代山东方言中古入声的演变》，《语言研究》2003年第1期。

在通语的影响下，只是声母读成了 tʂ，但韵母没有相应地由开口呼变为合口呼，这样就成了 tʂə；而在读书音中变为同通语一样的 tʂuə。

3.4　儿化与儿尾

3.4.1　儿化韵的形式界定

儿化是一种固定的语音形式，本书的研究重点关涉"儿化"与"儿尾"的区别。

"儿化是汉语发展到一定的历史时期在一定地区产生的新形态，是一种特定的音义结合体。"[①]在普通话和北方官话方言中，有一种十分普遍的卷舌化音变现象，即儿化，它是在韵母后多加了一个卷舌的动作从而引起韵母随之发生变化的现象。儿化韵有明确的语音形式和定义，据朱晓农（2010）："儿化过去是个构词的形态过程，现在很多词都可以看成是固定形式了。"[②]儿化的固定形式是卷舌动作与前韵母合音而成，王福堂（2005）对此给出了一个十分明确清晰的界定，即"合音要以自成音节的'儿'尾轻声化为条件。非轻声的'儿'尾不会引起儿化。而轻声的'儿'由于不是一个完全意义上的音节，会和前面的语素组成'一个半音节'的语音单位，正是这种性质的语音单位容易发生合音"[③]，即儿化韵后的"儿"首先要轻化后再与其前面的韵母合音才能构成真正的儿化韵，这种合音后的读音形式与非儿化韵方言"XX 儿"（如[-·er]）的读音形式有很大的区别，这种没有合音形式不紧密而只是单纯附加在词尾后面读原韵的现象，即"儿尾"现象在一些学者的研究著述中都有过细致的研究介绍，此不赘述。

3.4.2　儿化韵的读音类型

据朱晓农（2010），"'儿化'不是语音学名词，它是音系学和音韵学中的类名，而它的具体语音表现则各个不同。在很多北方官话又表现为卷舌边音 ɭ，甚至是闪音 ɾ 或颤音 r。在南方各方言中儿化的表现形式常常是'鼻化'，如粤语信宜话'鸭儿'[ap ȵi]；吴语苏州话'筷儿'[kʰwe·ŋ]"[④]。

[①] 钱曾怡主编：《山东方言研究》，齐鲁书社 2001 年版，第 18 页。
[②] 朱晓农：《语音学》，商务印书馆 2010 年版，第 269 页。
[③] 王福堂：《汉语方言语音的演变和层次》，商务印书馆 2005 年版，第 159 页。
[④] 朱晓农：《语音学》，商务印书馆 2010 年版，第 249 页。

在北方官话方言中，包括北京话，儿化韵也存在各自不同的读音类型，最普遍也是最被人们所熟悉的读音类型是北京话里的儿化韵，拼音写作"-r"。现举《语音学》（2010）中所记的侯精一（1999）对北京话里儿化韵的记音形式以供参考，如："ɚ 字儿、泪儿；ɚ̃ 缝儿，坑儿；uɚ 谱儿、珠儿；ũɚ 空儿、冻儿；oɚ 婆儿、沫儿；ɤɚ 盒儿、褶儿。"①但据研究，北京官话里儿化韵内部情况并不一致："从儿化的类型看，有 r 型儿化和 ɯ 型儿化两种，其中 r 型儿化以北京话为代表，分布于北京官话的大部分地区，是主要类型；ɯ 型儿化分布范围不大，主要在以密云西北番字牌乡为中心的部分乡镇"，同时，ɯ 型既可以做儿化形式也可以做儿尾形式（钱曾怡 2010）。②在河北省中部的涞源方言里，由于它的"儿"本字读 ɯ，它的儿化读音形式是与前韵母紧密结合成一个音节，但依然读作 ɯ，如"点儿 tieɯ"（李旭 2008）。③

冀鲁官话、中原官话和胶辽官话中，其具体的儿化韵读音类型也存在各方言具体的类型差异。冀鲁官话保唐片方言里存在着儿化韵不卷舌而收 ɯ 尾，或自成音节，或不带卷舌但产生变韵等类型。中原官话大多数方言儿化韵大多收于卷舌音 r 尾，但在卷舌程度上有具体差异，抑或是同冀鲁官话一样自成音节但同时也存在卷舌变韵和不卷舌变韵的类型差异。至于胶辽官话儿化韵的读音情况则稍显复杂，据（《汉语官话方言研究》）介绍：即墨、诸城、五莲、胶南一带的儿化现象比较特殊，除韵尾和主要元音随着儿化发生变韵现象外，甚至连儿化的声母都会产生具体的变化，如诸城儿化时读音有三种变化类型，第一种是在音节韵尾带卷舌 r，但前面音节的声母与韵母之间带上了一个滚音"r"，如小刀儿[ɕiɔ tʳɔr]、药面儿[yə mʳer]、小鳖儿[ɕiɔ pʳər]等；第二种声母卷舌，l 变 ɭ，如小刘儿[ɕiɔ ɭour]、小梨儿[ɕiɔ ɭər]，在零声母（细音）时变卷舌半元音 ɻ，如电影儿[tiã ɻẽr]、树叶儿[ʃu ɻer]、花园儿[xua ɻuer]；④第三种读音类型则是在韵母后加卷舌。透过以上列举的种种具体实例，我们可以看出，不同方言中不但紧紧跟在韵母后产生儿化韵的"儿"尾在具体的读音形式存在着差异，而且不同方言的儿化韵类型在变化形式上更是多种多样（具体包括声母、韵母和儿尾的变化）。

综上所述，在官话方言中，韵尾卷舌与否并不是儿化的唯一的判断性标准，它同样存在着具体语音形式上的多种类型变化。山东方言的儿化音

---

① 朱晓农：《语音学》，商务印书馆 2010 年版，第 269 页。
② 钱曾怡主编：《汉语官话方言研究》，齐鲁书社 2010 年版，第 80 页。
③ 李旭：《河北省中部南部语音研究》，博士学位论文，山东大学，2008 年，第 75 页。
④ 钱曾怡主编：《汉语官话方言研究》，齐鲁书社 2010 年版，第 120 页。

变形式丰富，除了元音卷舌之外，还存在着平舌元音、增加闪音、声母变化，介音失落等多种形式①。

联系临沂辖区内的12个区县的儿化韵读音情况，我们发现临沂辖区内12个区县（包括费县）不但都有儿化韵，而且读音类型十分丰富。笼统地说，临沂辖区内的儿化读音大致可以分为三种类型，第一种类型与普通话近似，韵母卷舌化，但并不引起声母上的变化，只是会引起韵母随着卷舌化而发生一定的变化，这种类型存在于临沂大多数区县；第二种类型是儿化时在声母和韵母间或在介音之后增加一个闪音ɾ，而后再卷舌，这种儿化读音类型存在的区县主要有临沭、莒南、沂南（儿化韵表现得最为复杂，有甲乙丙丁四式）、沂水、蒙阴（存在于i、y起头的儿化韵母时带闪音ɾ，数量较少）；第三种类型是在具体条件限制下的一些韵母不卷舌，只是单纯改变了韵母的读音形式，在罗庄、河东存在着这种读音形式。此外，临沂十二区县的儿化读音，不论其具体的读音类型和变化式样，它们都有一个共同点就是儿化的动作很轻，卷舌色彩很弱②。

3.4.3 费县方言儿化韵的类型

此次我们调查了费县方言18个乡镇儿化韵的发音情况，根据调查结果我们发现，在费县方言内部，其儿化韵在读音类型和各类型所分布的乡镇上都存在着差异，下面我们将对此类现象逐一进行具体的分析。

3.4.3.1 卷舌型儿化

由于费县18个乡镇儿化发音情况对应得并不整齐统一，各乡镇间存在着具体的差异，因此我们先选取其中一个乡镇的儿化韵作为代表进行详细的介绍，具体以朱田镇的儿化韵读音情况作代表，这是因为其儿化韵读音形式在费县辖区内覆盖面最广也最普遍。朱田镇的儿化韵读音情况归类如表3.4所示。

表3.4　　　　　　　　朱田镇儿化韵读音表

儿化韵（28）	基本韵母（36）	例词
ar	a	刀把儿、号码儿、法儿、打杂儿
iar	ia	豆芽儿、架儿、虾儿、爷俩儿
uar	ua	丝袜儿、牙刷儿、花儿、小褂儿

---

① 钱曾怡主编：《山东方言研究》，齐鲁书社2001年版，第18页。
② 马静、吴永焕：《临沂方言志》，齐鲁书社2003年版，第26—74页。

续表

儿化韵（28）	基本韵母（36）	例词
ɚ	ə	山坡儿、老婆儿、打折儿、歌儿
iɚ	iə	叶儿、撇儿、碟儿、结儿
uɚ	uə	窝儿、错儿、活儿、托儿
yɚ	yə	小岳儿、角儿、缺儿、小学儿
ɔr	ɔ	袄儿、枣儿、刀儿、树梢儿
iɔr	iɔ	腰儿、膘儿、苗儿、调儿
our	ou	兜儿、头儿、楼儿、小周儿
iour	iou	加油儿、纽儿、袖儿、小刘儿
iɚ	ɛ	牌儿、带儿、盖儿、孩儿
iɚ	ã	瓣儿、盘儿、摊儿、篮儿
iɚ	iɛ	小鞋儿、小街儿、秸儿
iɚ	iã	眼儿、边儿、面儿、点儿
uɚ	uɛ	筷儿、拐儿
uɚ	uã	弯儿、团儿、官儿、环儿
er	ɿ	字儿、刺儿、丝儿、
er	ʅ	汁儿、翅儿、事儿、吃食儿
er	ei	宝贝儿、方格儿、葱白儿、小字辈儿
er	ẽ	本儿、门儿、针儿、婶儿
ier	i	皮儿、地儿、难题儿、粒儿
ur	u	面醭儿、画图儿、路儿、主儿
yer	y	小雨儿、毛驴儿、句儿、小徐儿
yer	yẽ	云儿、小军儿、合群儿
ãr	aŋ	鞋帮儿、药方儿、小章儿、香肠儿
iãr	iaŋ	秧儿、亮儿、小姜儿、小箱儿
uãr	uaŋ	网儿、窗儿、双儿、筐儿
uer	uei	味儿、墨水儿、小鬼儿、会儿
uɚr	uẽ	文儿、屯儿、打盹儿、轮儿

续表

儿化韵（28）	基本韵母（36）	例词
yer	yã	院儿、卷儿、圈儿、旋儿
iɛ̃r	iẽ	印儿、心儿、信儿、小秦儿
	iŋ	影儿、小瓶儿、钉儿、小邢儿
ɚr	əŋ	小彭儿、凳儿、绳儿、小程儿
ũr	oŋ	小翁儿、洞儿、筒儿、小葱儿
yɚr	ioŋ	蚕蛹儿、熊儿

注：①基本韵母除去日化元音 ɚ 共36个；

②u 与唇齿呼声母 pf、pfʰ、f、v 相拼时儿化韵读 er 和 ɚr，如："小猪儿"[ɕiɔ⁴⁴pfer²¹³]，"小厨儿"[ɕiɔ⁴⁴pfʰer⁵³]，"小树儿"[ɕiɔ⁴⁴fer²¹²]，"小荣儿[ɕiɔ⁴⁴vɚr⁵³]"；与其他声母相拼读时 ur，如"主儿"[tʂur⁴⁴]，"树儿"[ʂur³¹]；

③儿化韵卷舌动作较轻。

从表3.4朱田镇儿化韵读音情况简表可发现其儿化韵的特点，大致可以归纳为：1.费县乡镇儿化韵十分丰富，36个主要韵母（日化元音 ɚ 除外）都可以儿化。2.所有韵母儿化后均没有引起声母方面的读音变化，声母仍读原声。3.有些韵母是直接加卷舌，有些则是主要元音或韵尾发生变化后卷舌。元音或韵尾卷舌时发生变化的韵母可分三组：舌面前高元音 i、y 和舌尖元音 ɿ、ʅ，后鼻音韵母 aŋ、iaŋ、uaŋ、əŋ、iŋ，鼻化韵母 ã、iã、uã、yã、ẽ、iẽ、uẽ、yẽ。4.卷舌色彩都较弱。5.有些韵母在儿化后发生了合并。主要有以下这六组：ɛ、ã 合音儿化后读 ɛr；iɛ、iã 儿化后合读 iɛr；uɛ、uã 儿化后合读 uɛr；ɿ、ʅ、ei、ẽ 儿化后合读 er；y、yẽ 儿化后合读 yer；iẽ、iŋ 合音儿化后读 iɛ̃r，即：ɛ/ã+r =ɛr；iɛ/iã+r=iɛr；uɛ/uã+r =uɛr；ɿ/ʅ/ei/ ẽ+r =er；y/yẽ+r =yer；iẽ /iŋ+r =iɛ̃r。

朱田镇的这种卷舌型儿化类型在费县辖区内的覆盖范围无论从地域还是使用人群上看都比较大，代表了儿化在费县各乡镇的一般形式。据相关调查，上冶镇、薛庄镇、探沂镇、南张庄乡、新庄镇、方城镇和芍药山乡均属此种类型。并且，基本上所有乡镇的新派发音人中都有此类儿化读音，且儿化韵形式也基本一致。不过调查还发现，在费县各乡镇中，新派发音人的儿化读音越来越向普通话靠拢，最明显的表现是在儿化音尾上，在老派发音人中儿化读音音尾的卷舌动作很轻，卷舌音很弱，但是在新派发音人中，其儿化韵音尾卷舌动作很明显，与普通话儿化卷舌音感相当，特别是年龄层次低的人群更是如此。

3.4.3.2 无卷舌、儿尾独成音节

除了上述朱田镇的儿化读音类型 r 外，调查中我们还发现，费县还存在着一种十分特别的儿尾现象，即儿尾自成音节（"儿"读 [ə]），如刀把儿 [tɔ²¹³pa³¹•lə⁴⁴]，架儿 [tɕia³¹²•lə⁴⁴]，与卷舌型儿化不同，朱田镇的儿化读音表现为独立音节 lə，其读音不具备轻化并与前音节合音搭配的特点，成为儿尾独立存在。而存在儿尾现象的乡镇主要出现在费城镇和新桥镇，大多出现在这些乡镇的老派发音人中，从调查的情况看，一般情况下年龄层次介于 70 岁左右及以上的，即年龄段越高的发音人读此种儿化的情况越多，而在新派发音中极为少见。这种类型的"儿化"与普通话及周边方言差异显著，因此新派应该是受普通话及周围强势方言影响而舍弃了这种听起来过分"土气"的发音。

如前文所述，在北方方言中，儿尾与词根组合变为儿化韵是普遍的现象，而仍保留独成音节的儿尾的地方则较少。特别是在山东方言中，我们还没有发现这种现象。因此，费县一些地方儿尾独成音节的现象很值得重视，其具体分类和地理分布可见下文图示"费县方言的儿化与儿尾类型"。下面我们先来对比刘庄镇和上冶镇儿化词在语音图上的表现，从语音实验分析的角度对其音值进行一个简单的对比说明。对这种现象成因的分析见下文。

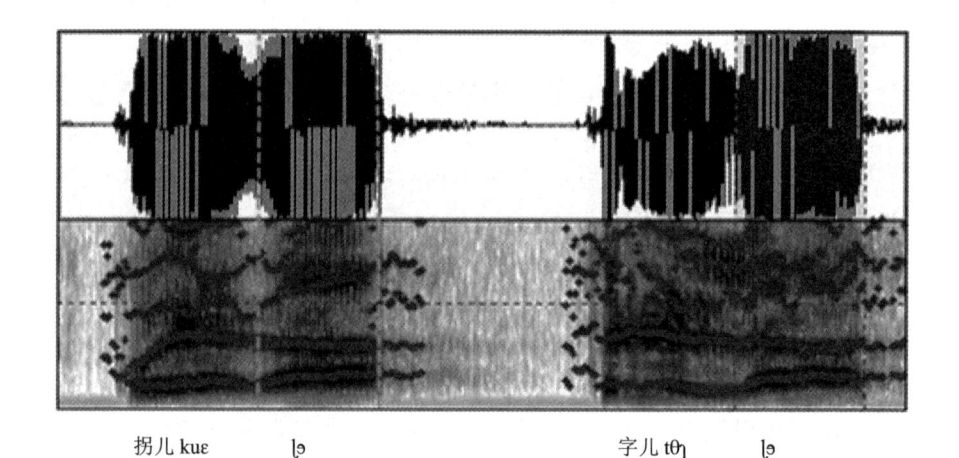

拐儿 kuɛ   lə   字儿 tʂʅ   lə

图 3.11 刘庄镇"拐儿"[kuɛ•lə]、"字儿"[tʂʅ•lə]语音图

号码儿 hɔma　　　　r

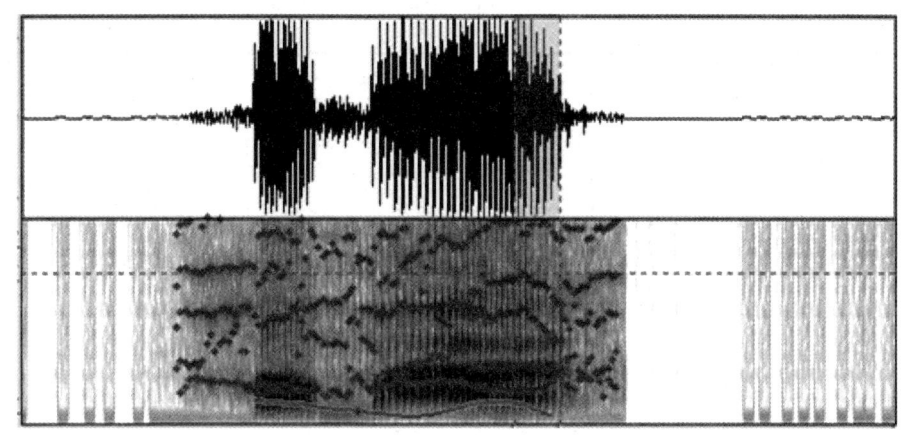

图 3.12　上冶镇"号码儿"[hɔ mar]语音图

对比图 3.11 和图 3.12 两幅宽带图，由于其音值明显，我们单从音长上进行对比考量，刘庄镇儿尾（lə）的音域范围大致以两条竖线选定的区域为界，刘庄镇"拐儿、字儿"lə 音长分别达到了 246 毫秒和 223 毫秒，上冶镇"号码儿"r 音长只有 71 毫秒；王福堂（2005）对儿化的界定是以"儿"尾轻声为前提条件的，广义上理解轻声的一般特征是音强很弱且音长较短，上冶镇的儿尾表现出了这种声学特征，不但音长较短，声波图也显示出上冶镇音强整体强弱程度比刘庄镇音强要弱很多，且其卷舌特征可以从宽带图上的第三共振峰 F3 的下滑降势看出来。至于刘庄镇儿尾则不具备轻化的特点，以儿尾独立音节的形式存在，并保留原调值。

3.4.3.3　卷舌型儿化与独成音节儿尾并存

同时存在这两种儿化读音类型的乡镇有刘庄镇、城北乡、汪沟镇、石井镇、胡阳镇。下面以胡阳镇方言为例列表 3.5 进行说明。

表 3.5　　　　　　　　胡阳镇儿化读音表

卷舌型儿化			lə 独成音节		
读音	原韵母	例词	读音	原韵母	例词
iaɚ	ia	豆芽儿、架儿	a•lə	a	刀把儿、号码儿
iəɚ	iə	叶儿、撇儿	ua•lə	ua	花儿、小褂儿
yəɚ	yə	缺儿、小学儿	ə•lə	ə	山坡儿、老婆儿
iɔɚ	iɔ	腰儿、膘儿	uɔ•lə	uɔ	窝儿、错儿
iouɚ	iou	加油儿、纽儿	ɔ•lə	ɔ	袄儿、枣儿

续表

卷舌型儿化			ɚ 独成音节		
读音	原韵母	例词	读音	原韵母	例词
iɛr	iɛ	小鞋儿、小街儿	ou•ɚ	ou	兜儿、头儿
	iã	眼儿、边儿	ɛ•ɚ	ɛ	牌儿、带儿
er	ʅ	汁儿、翅儿	uɛ•ɚ	uɛ	筷儿、拐儿
	ɿ	字儿、丝儿	u•ɚ	u	面醭儿、画图儿
ier	i	皮儿、地儿	ei•ɚ	ei	宝贝儿、小字辈儿
yer	y	小雨儿、毛驴儿	uei•ɚ	uei	味儿、墨水儿
	yẽ	云儿、小军儿	uã•ɚ	uã	弯儿、团儿
ãr	aŋ	鞋帮儿、药方儿	ẽ•ɚ	ẽ	本儿、门儿
iãr	iaŋ	小姜儿、小箱儿	uẽ•ɚ	uẽ	打盹儿、轮儿
uãr	uaŋ	网儿、窗儿			
yer	yã	院儿、卷儿			
iə̃r	iẽ	印儿、心儿			
	iŋ	影儿、小瓶儿			
ə̃r	əŋ	小彭儿、凳儿			
ũr	oŋ	小翁儿、洞儿			
yə̃r	ioŋ	蚕蛹儿、熊儿			

注：①ã 韵在胡阳镇口语中无儿化韵。发音人读书音读为卷舌儿化音；
②卷舌型儿化的卷舌色彩很弱。

下面我们对胡阳镇方言中并存的儿化与儿尾进行声学对比分析。

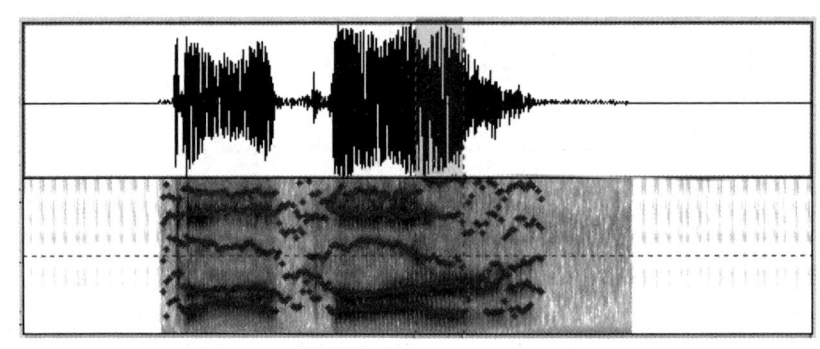

图 3.13 胡阳镇样本"打杂儿"[ta tθar]语图

	L1	L2	L3	L4	ms（时长：毫秒）
儿 ɚ：	677	1516	2330	3763	82

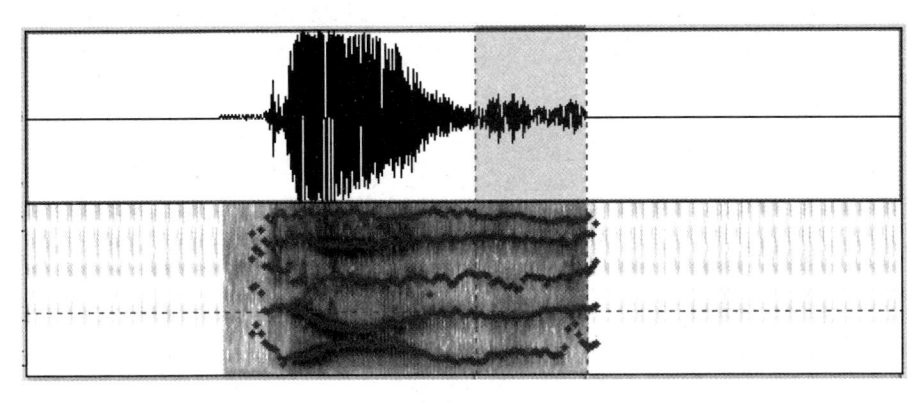

架儿 tɕia ɦə

图 3.14　胡阳镇样本"架儿"[tɕia ɦə]语图

	L1	L2	L3	L4	ms（时长：毫秒）
儿 ɦə：	685	1734	2735	3881	192

对比胡阳镇的两个词的样本"打杂儿"和"架儿"语图，宽带图上，"打杂儿"韵尾儿语段可以看见第二共振峰稍有上升的趋势，说明其有微弱滑音的过程，但并不明显，基本可以忽略不计。不过突出的是，其第三共振峰 F3 有明显下降的趋势，说明其伴有卷舌动作，样本"架儿"第三共振峰却没有任何降势，峰形平直与另两条共振峰等距离平行分布。此外"打杂儿"的三个共振峰基频均值都比"架儿"要低一些。它们之间区别最明显的是时长，"架儿"韵尾时长达到了 192 毫秒，比"打杂儿"卷舌韵尾 82 毫秒足足多出 110 毫秒，差不多正好是一个元音 ə 的时长单位。前面第一章声母分析部分对特殊声母的实验分析已对此作过具体分析，此处简略。

由前面表 3.3 可知，在这种儿化与儿尾两种类型并存的方言中，哪些读卷舌型的儿化，哪些读独成音节的儿尾，并非自由变读，而是与词根的语音条件（韵母）有关的。卷舌型儿化出现后鼻音尾韵母和其他的齐齿呼、撮口呼韵母以及舌尖元音韵母中，而独成音节的儿尾（ɦə）多出现在非后鼻音韵尾韵母的开口呼（舌尖元音韵母除外）、合口呼韵母后。

在胡阳镇，还剩下 14 个韵母保留了儿尾的读音（其中有部分词的读音也存在独立儿尾与儿化两读的情况），这表明这种现象已经处于不稳定的状态。

此外，在同属儿化与独立儿尾并存类型的乡镇刘庄镇、城北乡、汪沟镇和石井镇，我们发现他们与胡阳镇在读儿化还是读儿尾所对应的韵母规律上并不完全一致。

（1）刘庄镇的儿化韵读音要比儿尾韵读音多很多，保留儿尾的韵母多限制在齐齿呼韵母及鼻化韵、后鼻音韵的韵母前，并且在这些具体对应的韵母内也已有混读儿化韵的词存在。

（2）城北乡几乎全部韵母都存在着读儿化尾的类型，只是在后鼻音尾韵母和几个零散的韵母"a、ia、ua、ə、iə、uə、yə"中还存在着两读的形式，即儿化与儿尾并存。这与胡阳镇后鼻音尾韵母都读儿化正好相反。

（3）汪沟镇读独立儿尾的韵母最多，所有的韵母中都存在儿尾的读音现象，只是在"a、ia、ua、ə、iə、uə、yə 和 ioŋ"韵上存在儿尾、儿化两读的现象。

（4）石井镇的情况与胡阳镇的读音情况较为接近，儿尾与儿化对应的韵母基本一致，只是跟胡阳镇相比，石井镇的合口呼韵母、再加上大部分的鼻化韵和所有的后鼻音韵母已经全部读做儿化韵，另有零散几个韵母"ʅ、i、ɛ、ei、uei、uã、yã"里的具体词存在着儿化和儿尾混读的情况，至于剩下的其他韵母的读音情况则和胡阳镇的读音情况对应起来表现一致。

3.4.3.4　大部分韵母儿化、少部分韵母无儿化亦无儿尾

这种现象主要存在于梁邱镇、大田庄乡和马庄镇。这三个乡镇 36 个韵母中（不包括卷舌元音韵母 ɚ）大部分韵母能够发生卷舌型儿化，其变化形式与上面朱田镇式的儿化一致，只是在个别韵母上存在无儿化读音的形式。

这三个乡镇中要数马庄镇的无儿化读音现象最多，具体出现在这几组韵母上：uə、ʅ、iɔ、iou，鼻化音韵母 ã、iã、uã、yã、ẽ、iẽ、uẽ、yẽ 和后鼻音尾韵母 iaŋ、uaŋ、ɔŋ、iŋ、oŋ、ioŋ。不过，这两组鼻化和后鼻音韵母的读音实际上存在着两种读音形式，既有读儿化韵的现象，同时还有不读儿化韵的现象，比如："瓣儿、盘儿"儿化读 ɛr，但"摊儿、篮儿"不儿化读 ã；"文儿、屯儿、轮儿"不儿化读 uẽ，但"打盹儿"读 uɜr。

梁邱镇大部分韵母可以儿化，只有后鼻音 aŋ、iaŋ、uaŋ 和鼻化韵 iã、yã、iẽ 以及 ei 共 7 个韵母没有儿化读音形式（ã 韵词存在着儿化和无儿化两种读音的形式）。

大田庄乡无儿化读音的现象和梁邱镇相比要稍微复杂一些，无儿化读音的韵母主要是 ʅ、i、ɿ 和所有的鼻化音韵母 ã、iã、uã、yã、ẽ、iẽ、uẽ、yẽ，此外还有 oŋ、ioŋ 两韵。不过大田庄乡无儿化读音的韵母有马庄镇有表现一致的地方，也就是鼻化音 ã、iã、uã、yã、ẽ、iẽ、uẽ、yẽ、oŋ 韵母的词存在着两种形式，即同韵里一些词读儿化韵，一些词无儿化读音，比如："瓣儿、摊儿"读卷舌儿化 ɛr，但"盘儿、篮儿"不儿化读 ã；"本儿"儿化读

er,"门儿、针儿、婶儿"不儿化读 ẽ。完全读无儿化韵的只有 ʅ、i、ɿ 和 ioŋ 这四个韵。

这三个乡镇的完全无儿化的韵母,马庄镇有 11 个,梁邱镇有 7 个,大田庄乡有 4 个。

总的来说,费县方言从共时对比看要算是儿化"欠发达"方言,在各乡镇的具体儿化读音上,基本上都存在着个别韵母后无儿化读音的现象。在其他北方方言中通常读成儿化的词,在费县不少地方都不读儿化。如上冶镇,"摊儿、篮儿"读 ã,"眼儿、边儿、面儿"读 iã,"(蚕)蛹儿、(小)熊儿"读 ioŋ;新庄镇在鼻化韵 ã、iã、uã、yã、ẽ、iẽ、uẽ、yẽ 韵母的词中也有具体的词无儿化读音,如"瓣儿、摊儿"读 ã,"盘儿、篮儿"读 er;"眼儿、面儿、点儿"读 iã,"边儿"读 ier,等等。

图 3.15　费县方言的儿化与儿尾类型

3.4.4 儿化与儿尾不同类型的历史层次

北方方言中存在比较普遍的儿化现象是历史发展的结果。正如钱曾怡先生所说,"儿化是汉语发展到一定的历史时期在一定地区产生的新形态,是一种特定的音义结合体。汉语方言中的儿化音变形式多种多样,并不限于一般教科书上所说的'元音卷舌'"①。以北京话为代表的卷舌型儿化,其卷舌成份源自后缀"儿"。当"儿"的读音在北方话中读为卷舌元音并读轻声后,它与前一音节逐渐发生了融合,其独立的音节地位消失,但卷舌的发音动作融入前一音节而导致前一音节的儿化。关于儿化形成的年代,据李思敬先生的研究,明朝时候北方汉语已经有了儿化音,"儿"类字大概在明初变成了[ər]韵母,到明朝中叶出现儿化韵。在明代隆庆、万历间,也就是公元 16 世纪中叶,北方话的儿化音已经有了高度的发展,使用的非常普遍了②。"现在的深层形式往往是历史上某个时期的表层形式,现在的构词音变规则往往是历史上曾经发生过的音变规则,现在的音变次序往往是历史音变的先后次序。"③费县方言儿化和儿尾的不同形式,代表了儿化发展的不同阶段。

如上所述,费县方言的儿化和儿尾有四种类型:①卷舌型儿化;②独成音节的儿尾（lə）;③部分韵母儿化,部分韵母加儿尾;④部分韵母儿化,部分韵母无儿化亦无儿尾。从语音形式来说,有三种形式:A. 卷舌型儿化;B. 独成音节的儿尾;C. 无儿化亦无儿尾。①和②分别对应 A 和 B,③是 A 和 B 的结合,④是 A 和 C 的结合。由于儿化本身是由儿尾与词根韵母融合而来,所以,独成音节的儿尾（B）代表了比卷舌型儿化（A）更早的状态。这在北方方言的不少地区存在,如据亓海峰、曾晓渝（2008）的研究,莱芜方言儿化韵内部读音差异显示出其演变过程可分为独立的 l 尾词、拼合型的儿化韵和融合型的儿化韵等阶段。④朱晓农（2010）提到:"河南泌阳方言（李宇明 1996）中有个卷舌边音 l,可以自成音节（二尔而）,也可以作为儿化韵的韵尾,如笛 ti^{53},笛儿/tiəl^{53}/;穗 sei^{31},/穗儿/səl^{31}/。"⑤不过,费县方言的 C 类（既无儿化也不加儿尾）的历史层次定位则需要进行

---

① 钱曾怡主编:《山东方言研究》,齐鲁书社 2001 年版,第 18 页。又见钱曾怡《论儿化》,《中国语言学报》,商务印书馆 1995 年第 5 期。

② 李思敬:《汉语"儿"[ə]音史研究》,商务印书馆 1985 年版,第 41—73 页。

③ Halle（1962）的观点,转引自亓海峰、曾晓渝《莱芜方言儿化韵初探》,《语言科学》2008 年第 7 卷第 4 期。

④ 亓海峰、曾晓渝:《莱芜方言儿化初探》,《语言科学》2008 年第 7 卷第 4 期。

⑤ 朱晓农:《语音学》,商务印书馆 2010 年版,第 170 页。

进一步的讨论。

首先，要讨论的是这些既无儿化也不加儿尾而读本音的词的性质。所谓的既无儿化也不加儿尾，看起来无非就是儿尾、词根读本音而已，那么，它与儿化就没有什么关系，似乎不应该算作"儿化"的一种形式，实则不然。"儿尾"不管是融合前一音节使其变为儿化韵，还是自成音节，都是具有一定意义的。其一，儿化后的形式与非儿化的形式（或者说加儿尾与不加儿尾）或者能够区别意义，或者能够区别词性，或者能够表示一定的情感色彩（小、喜爱、蔑视等）；其二是很常见、但不常被提及的情况：儿化的形式只是一种习惯性的说法，并没有特别的意义区别。例如，"事儿"，大事儿小事儿都是"事儿"；画个"圈儿"，不管是喜欢还是不喜欢。当然，由于"儿"的本义指小（"儿"本指幼儿，引申指小），所以儿化词与"小"的组合更为常见，如"小李儿""小孩儿""小狗儿""小红花儿"等。因此，如果在某些方言中一般使用儿化形式的词或者是一般出现采用儿化形式的语境，且这些方言采用了非儿化也非儿尾的形式，那么，这种情况中的非儿化也非儿尾的形式就不是简单的读本音的问题了。例如，山东从泰山、鲁山北麓的桓台、张店、淄川、博山、邹平、章丘到鲁山、沂山以南的莱芜、平邑、滕州、枣庄方言中，对应普通话卷舌型儿化的是儿化变韵的形式，如博山，"人儿"是 zẽ（声调此处从略）→zei，"玩儿"是 uã→uɛ。但这些方言中有些对应普通话儿化形式的韵母并不发生变化，如博山，"（小）孩儿"仍读 xɛ，"（小）王儿"仍读 uaŋ，并不发生变韵。但这只是说明这些方言中有些韵母并不发生变韵，而不能说这种不变韵的形式不对应于普通话的儿化[①]。故我们所说的费县方言中 C 类型（既无儿化也不加儿尾）实际上对应的就是其他方言（包括普通话）儿化的形式，所以他们应该算是一种特殊形式的"儿化"（以下简称"零形式"）。

其次，"零形式"也不同于上面所说的变韵形式。采用变韵形式的方言中，尽管没有卷舌，变韵已经说明了不同于没有变化的形式，并且说明了儿尾的影响。而零形式没有任何形式上的变化，如果我们承认它是与普通话、其他方言的儿化或儿尾词相对应的，也就是说它本来也是"X 儿"的形式，那么它的"零"要么是"儿"脱落的结果，要么是"X 儿"发生了变化的结果。

---

① 张树铮先生《淄博等地方言的儿化变韵与幼儿型儿化》（《方言历史探索》，内蒙古人民出版社 1999 年版）总结了淄博等地方言中变韵与不变韵的规律，指出变韵与不变韵跟普通话韵母儿化时元音是否发生较大变化的规律相对应，与周围方言中幼儿学语时的变韵规律也相当一致，由此认为这是一种"幼儿型儿化"。

我们在讨论费县方言儿化和儿尾的时候，不能不联系周边方言来进行观察。而费县周边的情况是：东部和南部的沂南县、临沂兰山区、兰陵县都是卷舌型儿化的地区，而北部、西部的平邑县、滕州市和枣庄市山亭区都是变韵型儿化的地区。据《临沂方言志》，费县东部不远的临沂市罗庄区方言也存在变韵的儿化形式，发生变韵的韵母有 13 个：ʅ、ɿ、i、u、y、ã、iã、uã、yã、ẽ、iẽ、uẽ、yẽ，并且这种变韵方式"全部是老派说法"①。因此，费县方言尽管没有儿化变韵的现象，但是它与变韵型儿化地区毗邻，这可能是解释"零形式"儿化的一个线索。我们看"零形式"最多的马庄镇，"零形式"出现的韵母是：uə、ɿ、iɔ、iou、ã、iã、uã、yã、ẽ、iẽ、uẽ、yẽ、iaŋ、uaŋ、əŋ、iŋ、oŋ、ioŋ。这些韵母变韵型儿化的方言（如平邑）中，uə、iɔ、iou、iaŋ、uaŋ、əŋ、iŋ、oŋ、ioŋ 都是不会发生变韵的韵母，但 ɿ、ã、iã、uã、yã、ẽ、iẽ、uẽ、yẽ 则是发生变韵的韵母（平邑分别变为 ei、ɛ、iɛ、uɛ、yɛ、ei、iei、uei、yei）。梁邱镇"零形式"出现的韵母是 ã、iã、yã、iẽ、ei、aŋ、iaŋ、uaŋ，其中，ei、aŋ、iaŋ、uaŋ 是变韵型儿化方言不发生变韵的韵母，ã、iã、yã、iẽ 是发生变韵的韵母（如上举平邑的读法）。大田庄乡"零形式"出现的韵母是 ʅ、ɿ、i、ã、iã、uã、yã、ẽ、iẽ、uẽ、yẽ、oŋ、ioŋ，其中，oŋ、ioŋ 是变韵型儿化方言不发生变韵的韵母，其他是发生变韵的韵母。综合上述情况来看，我们推测费县这些读"零形式"的方言，原本是同北面的平邑、西面的滕州、山亭、东南的罗庄一样读变韵型儿化的——事实上读"零形式"的三个乡镇，北部的大田庄乡正与平邑接壤，西部的梁邱镇恰与枣庄市山亭区（该地区原属滕州市）毗邻，东南的马庄镇也并非巧合地与临沂市罗庄区相连，后来在卷舌型儿化方言的强势影响之下，原先发生变韵的韵母有一部分或大部分改读了卷舌型儿化，另一部分则放弃了变韵但还没有改读卷舌型儿化，而是读作"零形式"，至于本来就不变韵的韵母，就大部分仍读不变韵的"零形式"。上文提到的大田庄和马庄都有部分"零形式"的韵母另有卷舌型儿化的形式，这应该是在卷舌型儿化方言影响下正在发生的变化。

至于变韵型儿化与卷舌型儿化的关系，本书暂依张树铮先生（1999）的观点，认为变韵型儿化是卷舌型儿化演变的结果。这样，费县方言儿化和儿尾的不同形式的历史层次应该如下所示：

儿独成音节（B）→卷舌型儿化（A）→变韵型儿化→零形式（C）

上文所说的类型②（儿尾独成音节）代表了最早的状态；类型①（卷舌型儿化）是"儿"与词根韵母融合的结果，也是北方方言中最为普遍的类型，

---

① 马静、吴永焕：《临沂方言志》，齐鲁书社 2003 年版，第 34 页。

更是与普通话相同的类型,所以一直保留至今;类型③(部分韵母儿化,部分韵母加儿尾)是类型②受类型①影响的结果;类型④最为复杂,它是在变韵型儿化(源自卷舌型儿化的演变形式)基础上受类型①的影响而形成的。总的来说,卷舌型儿化(类型①)在目前的各种类型中处于强势的地位(变韵型儿化是历史上发展的结果)。

3.4.5　u 韵母的特殊儿化读音

费县方言中属于卷舌型儿化的地区,u 韵母通常是直接加卷舌读为 ur 的,但是有少数几个词儿化时不读 ur 而读 er。请看吴永焕(2009)列举的例子:[①]

主儿	(小)树儿	比较:(小)数儿	肚儿
pfer^{55}	fer^{31}	fur^{31}	tur^{55}

吴永焕先生对此问题(2009)分析认为,"儿化韵 ur,相对 uer 较为文雅,适用于方言中的所有词语,是人们口语中表达小称语法功能常用的一种形式;儿化韵 uer,相对来说较土一些,只见于'萝卜儿、鼠儿、小朱儿、小树儿、空竹儿、小水珠儿、骨碌儿'等部分生活常用词。可以推断,uer 类儿化韵,大致是早期儿化变韵语音特征的残留,即早期表达小称的变韵 uei,受当前元音卷舌式儿化影响,类推添加了卷舌特征,早期变韵的主要元音依然存留。"[②]吴文所举的词中,"萝卜儿""骨碌儿"应该排除,因为"萝卜"中的"卜"实际上应写作"萄"方言中读 pei,而 ei 韵母儿化后读 er 是符合规律的;"骨碌儿"中的"碌"也有问题,因为方言中不儿化时读作"毂轮","轮"方言读 luẽ,uẽ 儿化后读 uer 也是符合规律的。这样剩下来的就只有"主儿、鼠儿、小朱儿、小树儿、空竹儿、小水珠儿"这几个。据我们所知,这几个词不读 ur 而读 uer 的现象在鲁西南地区较为普遍地存在,而鲁西南多数地区是不读变韵型儿化的,所以,认为它们是"早期儿化变韵语音特征的遗留"证据不足,并且不能说明这些词在声母方面的特点或者说限制。

上述儿化后读 uer 的 u 韵词,在声母上的共同特点是古代的知系字,在韵母上的共同特点都是古代的三等合口字:

主,章母虞韵三等合口
鼠,书母语韵三等合口
朱,章母虞韵三等合口

[①] 吴永焕:《山东方言儿变韵的衰变》,《语言科学》2009 年第 8 卷第 5 期。

[②] 吴永焕:《山东方言儿变韵的衰变》,《语言科学》2009 年第 8 卷第 5 期。

珠，章母虞韵三等合口
树，禅母遇韵三等合口
竹，知母屋韵三等合口

　　与知系三等合口相联系的方言现象是：在胶辽官话古知庄章组声母二分的许多方言中，这些字都读 y 韵母；在今属中原官话但古知庄章组声母二分的山东东明方言中，这些字的韵母也读 y 韵母（声母是 tɕ、tɕʰ、x）。尽管现代的费县方言中它们不读 y 了，但是由其三等合口的古音地位以及上文分析到的古知庄章曾经二分来看，这些字古代曾经读 y 是没有问题的。而 y 韵母在卷舌型儿化中，是读作 yer 的。综合起来看，上述字儿化后读 uer 应该是从 yer 演变而来的。也就是说，在这些字读 y 韵母的时代，儿化后读 yer；后来受知系声母的影响，三等韵由细音变为洪音，撮口呼变为合口呼（这在北方方言乃至南方方言中是很普遍的现象），yer 也就变成了 uer。因此，这些字儿化后读 er、uer 不是变韵型儿化的遗留，而是韵母原读细音 y 的遗留。

　　与这些特殊的 u 韵母儿化形式相关的，还有齿唇音声母产生与儿化产生年代先后的问题。如上所述，费县一带古知系字逢今读合口呼韵母读齿唇音声母 pf、pfʰ、f，这是由于 tʂ 组声母受 u 元音的圆唇影响而发生的变化；由于读齿唇音声母是以今音的合口呼为条件的，而其中既包括古代的三等合口韵，也包括古代的二等合口韵，并且由于舌位在前的原因，y 韵母虽然也是圆唇元音但发音上与齿唇音较相抵触，所以一般认为知系声母变齿唇音是在细音变洪音之后产生的。既然上述字的特殊儿化是在韵母读 y 的时代形成的，而那个时期就已经产生了儿化，古知系声母逢合口呼读齿唇音就只能是在其后产生的。

第四章 声调研究

4.1 声调系统概述

费县各乡镇方言的声调基本一致,都是阴平、阳平、上声、去声四个调类,调值也基本一致。下面先列出费城镇的声调系统作为代表。

调类	调值	例字
阴平	213	诗梯都衣灯蒸一不骨窟出屈托叶业立粒密入
阳平	53	时题图渠移围棉灵叠协挟乏集习蛰及植极白
上声	55	使体堵举椅委等整维偶泳屡缆饵
去声	31（312）	试替兔据意喂凳政送顺暗炕样忘望虑运亮柿士重动

说明：①去声存在 312（或 412）和 31 两种变读,单念时一般读 312,语流中不管在前在后,一般读 31；②各乡镇在调值上稍有差异,主要表现在上声调,有的乡镇调值偏高或偏低,可记作 55、44 或 33。费城镇上声调值记作 55。

经语音实验分析经数据处理后可以制作出费城镇的声调图。目前采用的最新的声调处理方法是 z-score 归一化（LZ 法）,下面我们采用此法来实验分析费城镇的声调,其制作过程用下列的四个步骤完成：

第一步：基频测量。使用 Praat 软件中音高自动测量的功能对采样的所有声调样本（使用的样本均来自《山东方言调查提纲》"声调"例字,每个声调取 10 个例字样本）进行基频提取,其后,提取所有例字样本的基频测量值的均值,最后,求得均值。见表 4.1 所示。

表 4.1　　　　　　　　费城镇四声样本基频均值

HZ	0%	10%	20%	30%	40%	50%	60%	70%	80%	90%	100%	ms
T1	103	102	102	104	109	112	115	117	120	123	125	140
T2	216	212	199	181	172	152	141	131	123	111	105	111

续表

HZ	0%	10%	20%	30%	40%	50%	60%	70%	80%	90%	100%	ms
T3	158	163	163	162	162	162	162	162	160	159	158	135
T4	122	118	114	114	114	113	112	110	107	103	99	270

注：表中 T1、T2、T3、T4 分别代表阴平、阳平、上声、去声，表中数值为基频均值，单位赫兹 Hz，ms 是时长，单位毫秒。下列各表格式均同。

第二步：计算基频均值的对数值。这一步采用 Excel 来进行数据处理。将上表中的基频均值化成对数值，例如 T1 在 0%处的数值为 103Hz（赫兹），对数化处理 lg(105)=2.021189299，不过表中数值取四舍五入后小数点后两位；将所有数值的对数化后的数值列表 4.2。

表 4.2　　　　　　　费城镇四声样本基频均值对数值

lg	0%	10%	20%	30%	40%	50%	60%	70%	80%	90%	100%	ms
T1	2.01	2.00	2.00	2.01	2.04	2.05	2.06	2.07	2.08	2.09	2.10	140
T2	2.33	2.33	2.30	2.26	2.24	2.18	2.15	2.12	2.09	2.05	2.02	111
T3	2.2	2.21	2.21	2.21	2.21	2.21	2.21	2.21	2.20	2.20	2.20	135
T4	2.09	2.07	2.06	2.06	2.06	2.05	2.05	2.04	2.03	2.01	2.00	270

据朱晓农（2010），"计算均值和标准差时，不是表中所有值都要用上的，各声调在 0%处的值舍去，降调在 100%处的值也舍去"[①]，费城镇阳平和去声为降调调形，因此上表中用阴影标注的数字在下面的均值计算和标准差计算时均舍去不计。

第三步：z-score 归一化（LZ 法）处理。经计算，测得对数值的均值 $\mu=2.12$，标准差约为 $\sigma=0.09$，$n=39$。再将表中的各数值进行 z-score 归一化（LZ 法）处理，公式为 $(x_i-\mu)/\sigma$。计算所得的数值形成下表 4.3。

[①] 朱晓农：《语音学》，商务印书馆 2010 年版，第 287 页。

表 4.3　　　费城镇四声（对数值 z-score 归一化）LZ 值

LZ	0%	10%	20%	30%	40%	50%	60%	70%	80%	90%	100%	ms
T1	−1.22	−1.33	−1.33	−1.22	−0.89	−0.78	−0.67	−0.56	−0.45	−0.33	−0.22	140
T2	2.33	2.33	2	1.56	1.34	0.67	0.34	0.33	−0.33	−0.78	−1.11	111
T3	1	1	1	1	1	1	1	1	0.89	0.89	0.89	135
T4	−0.33	−0.56	−0.67	−0.67	−0.67	−0.78	−0.78	−0.89	−1	−1.22	−1.33	270

注：表中 LZ 指进行归一化处理。

第四步：制作声调分布图。还是采用 Excel 软件来绘制。制作声调分布图可以采用两种方法，一种可以根据基频均值，另一种是根据 LZ 值，两种作图法既可以采用等长时间单位，也可以采用绝对时长单位（毫秒）。这里我们均采用后一种方法，即 LZ 值（竖轴 Y）和绝对时长（横轴 X）来制作费城镇的四声分布图，这主要是基于以下因素的考虑：目前对声调的分析主要是采用最新的实验方法 z-score 归一化（LZ 法）处理。"归一化的目的是滤掉个人特性，消减录音时的发音风格差异，以获得具有语言学意义的信息。归一化能够在人际差异中找到常量，在语际变异中找到共性，从而使得人际比较和语际比较的研究成为可能。"声调实验早期采用的一般是求 T 值法，"这种方法 30 年前国外曾经使用过，但由于会扭曲声调性质，现在已被淘汰"。[①]（朱晓农 2010）经过 LZ 法处理的声调分布图滤掉了许多个人因素而更具有普遍性，而绝对时长（毫秒）可以让我们更接近声调的实际音调，更接近声调实际；另，若采用绝对时长单位则会抽象掉一部分声调的原始信息，更为重要的是我们可以从不同音域范围内观察到四个声调的具体分布位置，而不是在同一音域基点上起始，这样的声调图对比起来看更能显示声调实际，科学性更强。

制作好的 LZ 声调分布图如图 4.1 所示。

[①] 朱晓农：《语音学》，商务印书馆 2010 年版，第 286 页。

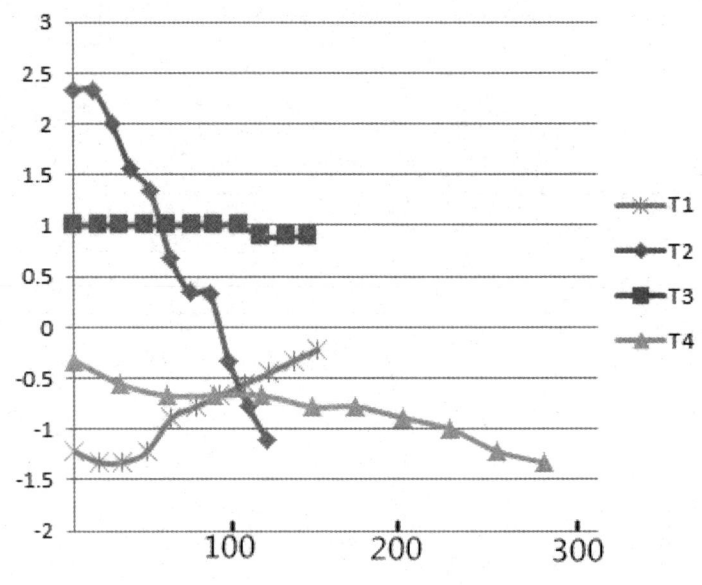

图 4.1　费城镇 LZ 归一化声调分布图

注：① 图中横轴为绝对时长毫秒（ms），纵轴为 LZ 值；

② T1、T2、T3、T4 分别代表阴平、阳平、上声、去声调形，其中去声调值以 31 取样计算并作图。

从费县方言声调分布图可以看出费县方言声调的声学特点。①调形方面：费城镇的阴平调（T1）和去声调（T4）大体都处在低音域区，阴平为曲折调形；因在调形研究中一般只取声调等距十一个点处的基频，去声调在末尾第十一个基频点处仍未显现出抬头势，因此在这里做降调处理；阳平调（T2）和上声调（T3）处在中域区，阳平是降调调形，下降调形与去声调（T4）比明显幅度很大，上声调形横直基本稳定。②时长方面：从绝对时长考量，阴平调（T1）、阳平调（T2）、上声调（T3）绝对时长大体相当，都在 0～150 毫秒范围内，相对来说去声调（T4）绝对时长最长，达到了 270 毫秒。

费城镇四个声调的特点突出表现在：调形降幅最大的是阳平调，时长最长的是去声调，与北京话四声分布在中域区比较起来，费县方言声调的音域相对要低一些，整体上凭音感也觉得语流较为低沉平缓。

尽管 T 值法有很大的弊病现在已被淘汰，但其仍有一定的优势，它可以将声调特征高度抽象出来，便于人们的理解和学习，此外这种高度抽象的图形更容易和现在大部分的教材及文章中使用的五度标调法联系起来对比和学习，因此 T 值法仍可以作为研究中的补充方法，起到解释说明的作用，同时也便于人们对声调特征的理解和把握。考虑到下面的连读变调研究，这里我们也一并将费城镇的四声 T 值调形图例上（见图 4.2），以供参考对比和接下来的分析使用。

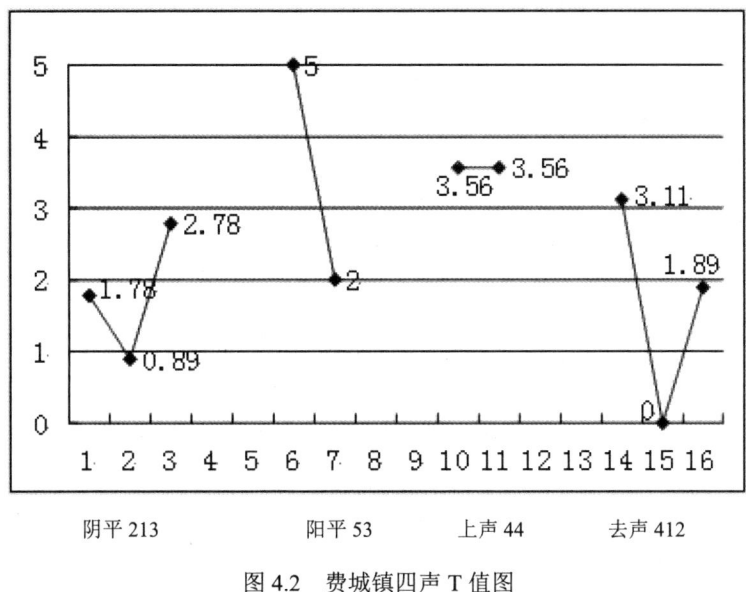

阴平 213　　　　阳平 53　　　　上声 44　　　　去声 412

图 4.2　费城镇四声 T 值图

4.2　与中古声调系统的比较

4.2.1　费县方言与中古声调系统的对应关系

从中古四声演变情况来看费县方言，其大致的对应规律是：平分阴阳，全浊上声归去声，入声消失，清入和次浊入大部分归阴平，全浊入归阳平。这符合中原官话的特点。"中原官话的特性是古次浊入声今读阴平，与其他六区分开。古次浊入声读阴平蕴含古清音入声也读阴平，古全浊入声读阳平，也就是说，'古清入、次浊入今归阴平，古全浊入今归阳平'是中原官话的基本特点。"[①]

---

① 钱曾怡主编：《汉语官话方言研究》，齐鲁书社 2010 年版，第 179 页。

表 4.4　　　北京、临沂、费县方言中古声调系统演变规律表

古调	平			上			去			入		
地点	清	次浊	全浊	清	次浊	全浊	清	次浊	全浊	清	次浊	全浊
例字	多天	南男	爬盘	姐讲	马冷	坐象	破店	内让	字办	八尺革客	绿立	杂白
北京	阴平	阳平		上声			去声			平上去入	去声	阳平
临沂	阴平	阳平		上声			去声			阴平 上声	阴平 去声	阳平
费县	阴平	阳平		上声			去声			阴平	阴平 去声	阳平

说明：①费县方言中古清声母入声字大部分归入到阴平调，少数归入到阳平调和去声调中。②费县方言古次浊入声字大部分归入阴平，还有少数一部分归入去声调中。详情参见下面的分析讨论。

费县方言与北京话在平上去三声的演变归并上对应整齐，只是在入声的分派上存在着明显的差异，主要集中在古清入声字的读声类型特别是古次浊入声字的调类上，至于全浊入声字则对应整齐今都读阳平调。下面我们从古清入声字、古全浊入声字和古次浊入声字对费县方言内部的读音情况进行详细分析说明。

4.2.2　古清声母入声字的今调

北京话清声母入声字分派入阴阳上去四声，且规律性不强。山东方言中，东区（胶辽官话）读上声，西区（冀鲁官话和中原官话）读阴平。临沂地区由于境内存在着胶辽官话、冀鲁官话和中原官话，因此古清声母入声字属东区的归上声，属西区的读阴平。[①]

---

① 马静、吴永焕：《临沂方言志》，齐鲁书社 2003 年版，第 8 页。

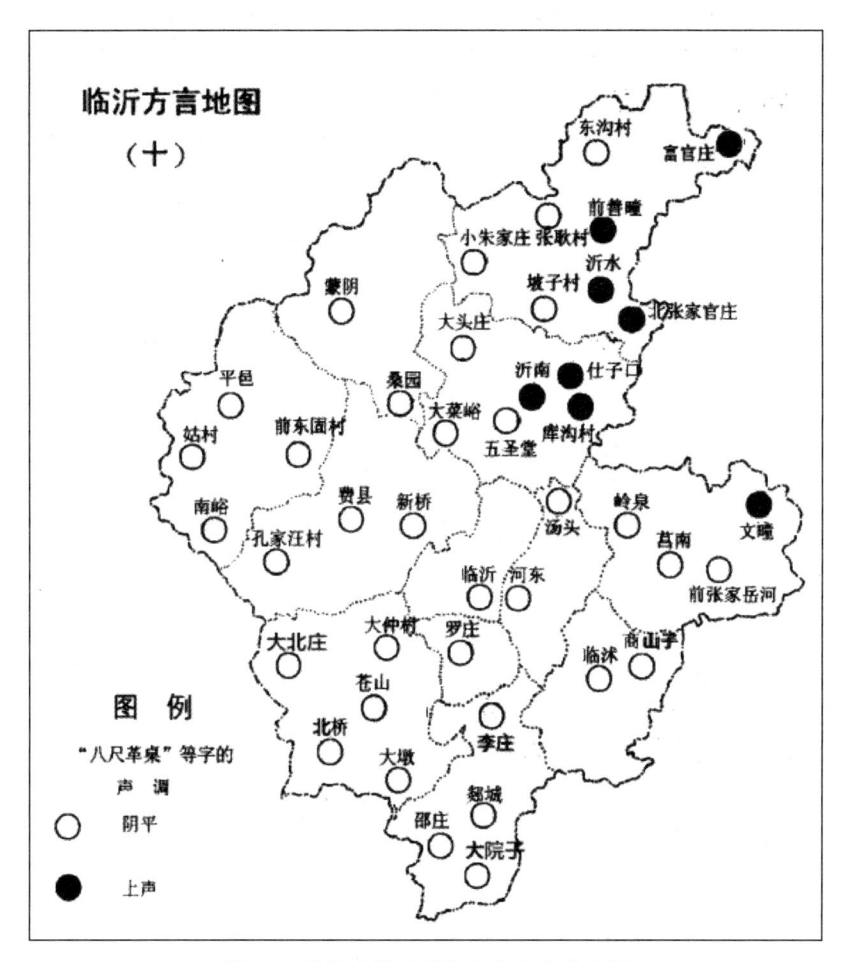

图 4.3 临沂古清声母入声字归类分布图
注：图片来自《临沂方言志》①。

费县内部的整体情况是，古清声母入声字今读已分派入四声当中，但大部分读阴平，少数读去声，此外仍有极少数例字读上声。费县辖区内十八个乡镇的情况基本一致。下面列出朱田镇的情况（全浊入、次浊入同此）。

---

① 马静、吴永焕：《临沂方言志》，齐鲁书社2003年版，第20页。

表 4.5	朱田镇古清声母入声字（216字）今读声调表
阴平 161 字	答搭塌蛤磕插鸽喝眨夹掐鸭压接摺贴法涩执汁湿给吸揖擦撒割渴喝八扎札杀瞎瞎薛泄揭歇蝎撒铁切屑结噎拨泼脱撒括豁挖刷刮雪说发决缺血笔匹七膝虱失室吉一不骨窟出屈托作胳恶削脚约郭扩镢剥桌戳捉觉饺确壳握北得德则塞刻黑逼息侧色织百拍拆窄格客摘责策册革隔积惜只尺劈滴嫡踢剔绩戚锡击激秃谷哭屋宿竹缩叔足烛嘱曲阔级节洁福蝠国拙棘菊束饰诀测触蓄锔[44]
阳平 14 字	劫胁急察别哲折卒博媳识伯咳仆
上声 4 字	乙脊卜索
去声 37 字	恰厣踏卅妾摄怯泣蹩毕质戌郁错各鹊朔忆亿迫扼僻赤益壁速酷沃覆肃畜祝促粟旭式

注：①《山东方言调查提纲》(1984)"常用字表"收清声母入声字216个；
②以上字的声韵调全以老派白读音为准。下均同。

据《山东方言调查提纲》常用字表共收录了古清声母入声字216个，其中有161个字读阴平调，约占了75%；另有14个字读阳平调，比例约为6%；4个上声字，比例约为2%；读去声调的字有37个，约占了17%的比例。这里需要特别说明的是，许多古清声母入声字由于受普通话影响目前在费县存在着文白两读，比如"得德则窄刻塞"等，白读和文读的区别主要是韵母不同，白读一般读ei，文读一般与普通话对应一致读ə、ai等，同时，其文白读也会产生声调上的变化，比如上述这几个字白读声为阴平调，文读声为阳平调，在这里我们调查的均是白读声调。

朱田镇古清声母入声字声调的归并情况具有代表性，其他17个乡镇的声调情况与之对应统一，此处不再另外一一列表。

从古清声母入声字归阴平调约占了75%的百分比数看，费县方言表现出很强的中原官话的特点，但与此同时，古清入声字另有6%的字读阳平调，2%的字读上声调以及17%读去声的情况存在。

4.2.3 古全浊入声字的今调

表 4.6　　　　　　朱田镇古全浊声母入声字今读声调表

阴平 1 字	突
阳平 68 字	杂合盒闸炸叠协挟乏集习蛰及达拔铡舌杰竭跌截夺活滑绝穴佽脖核术述佛偈薄鹤昨凿嚼着勺雹浊镯学食植极白择籍席石笛敌划独读族毒服伏轴熟俗赎属局橛
上声 0 字	
去声 6 字	特或射获瀑续

常用字表中共收录古全浊入声字 75 个，其中有 68 个字读阳平调，比例约高达 91%，其中有个别全浊入声字读去声，还有一个例外字"突"读阴平调。其他 17 个乡镇古全浊入读音情况相同，对应十分整齐统一。

4.2.4 古次浊入声字的今调

表 4.7　　　　　　朱田镇古次浊入声字今读声调表

阴平 54 字	纳拉腊蜡镴猎叶业立粒入诺捺辣灭裂热捋沫抹劣悦阅袜月越栗律率摸烙络略弱虐疟药力岳墨勒麦腋历疫木目牧绿录狱欲
阳平 1 字	额
上声 0 字	
去声 20 字	孽蔑日逸没物骆翼域脉逆易鹿六陆肉育褥玉浴

本次调查根据《山东方言调查提纲》（1984）常用字表所收录的 75 个古次浊入声字的读音情况进行统计，在朱田镇，其中读阴平调的次浊入声字占 72%；去声占了约 27%，阳平调只有一个字"额"。剩下其他 17 个乡镇，古次浊入声字所占比例大小统计后列表 4.8。

表 4.8　　　　费县 18 个乡镇古次浊入声字今读比例表

调查点 今声调	大田庄乡	上冶镇	南张庄乡	薛庄镇	城北乡	朱田镇	费城镇	胡阳镇	方城镇	汪沟镇	新桥镇	探沂镇	芍药山乡	梁邱镇	刘庄镇	马庄镇	新庄镇	石井镇
阴平	59	60	48	50	61	72	57	49	54	55	63	59	51	53	56	45	50	75
阳平	1	1	1	1	1	1	1	1	1	1	1	1	1	1	1	1	1	1
上声	0	0	0	0	0	0	0	0	0	0	0	0	0	1	0	0	0	0
去声	41	40	52	50	39	28	43	51	46	45	37	41	49	47	44	55	50	25

注：表中数字表示百分率（小数点后四舍五入计），限于篇幅省略符号"%"，各乡镇读阳平调的字均为"额"。

从表 4.8 的比例数据我们可以看出，整体上费县 18 个乡镇的古次浊入声字大部分都归入了阴平调，从地理分布上看具有很明显的中原官话的特点，只是各乡镇所占的比例大小并不统一，由此可见古次浊入声字的演变在各乡镇存在着进度和演变层次上的层次差异。读阴平调比例较大的有石井镇 75%、朱田镇 72%、新桥镇 63%、城北乡 61% 和上冶镇 60%，此外还有大田庄乡和探沂镇也达到了 59%；而比例较小的则有马庄镇 45%、南张庄乡 48%、胡阳镇 49%。经统计，18 个乡镇今读阴平调的总体平均值约为 57%，从整体上看仍表现出明显的中原官话特点。根据古次浊入声字今读阴平所占比例绘制分布图 4.4。

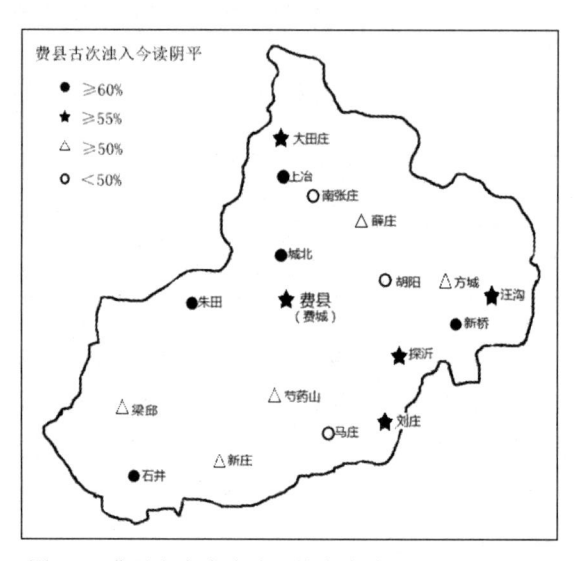

图 4.4　费县方言古次浊入声字今读阴平比例分布图

临沂地区，古次浊入声字的归类情况是："东北部归去声，西南部归阴平，前者与山东东区东潍片、西区西齐片的特点一致，后者与山东西区西鲁片的特点相同。"①

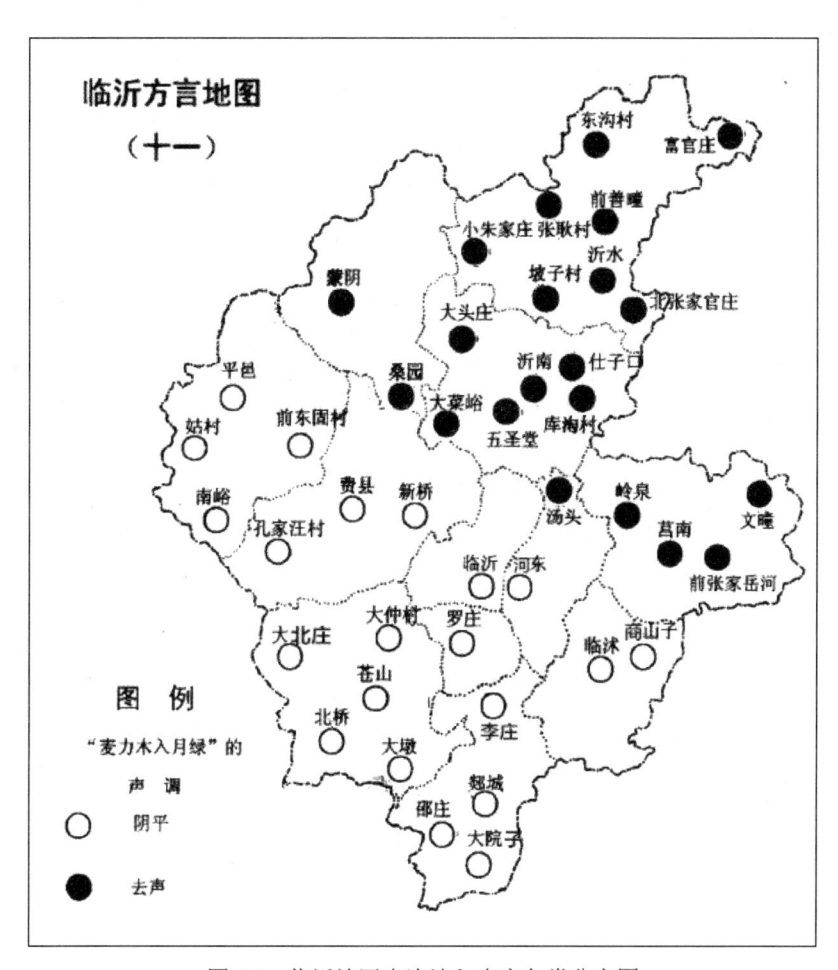

图 4.5　临沂地区古次浊入声字归类分布图

注：图片来自《临沂方言志》2003。②

相对来说，费县内部乡镇对比差异较小，笼统地看，费县内部古次浊入声字大多归阴平，但从各乡镇具体的比例分布上看，相较费县西边，东边与兰山区邻近的几个乡镇阴平所占比例要高一点，不过费县18个乡镇中阴平比例最高的石井镇位于费县最南边，比例高达75%。从费县周边古次浊

---

① 马静、吴永焕：《临沂方言志》，齐鲁书社2003年版，第9页。
② 马静、吴永焕：《临沂方言志》，齐鲁书社2003年版，第21页。

入声字归阴平的比例看，邵燕梅（2010）认为费县南边的郯城次浊入归阴平所占比例达到 77%、西边的平邑阴平比例为 73.1%，东部的临沂兰山区阴平比例大约为 72.3%[①]。可见费县邻近周边几个区县的古次浊入归阴平的比例大体相当，中原官话性质明显。

关于费县方言次浊入今读调的情况，还有一个不可忽略的外部影响因素是普通话对方言的影响。普通话对费县新派产生的影响是：随着时间推移，越来越多的原读阴平的古次浊入声字开始改读与普通话相同的去声，以至于古次浊入声字读阴平的比例越来越小，也就是说，中原官话特征已开始逐渐弱化。

4.3 连读变调

4.3.1 重重型变调

费县方言共四个调类，连读组合共有十六对，全县各乡镇的连读组合和变调情况整齐一致。下面以费城镇为代表列出其连读时的读音情况（见表 4.9）。

表 4.9　　　　　　　　费县方言两字组连读变调

前字＼后字	阴平 213	阳平 53	上声 55	去声 312/31
阴平 213	213 + 213 →13＋213	213 + 53	213 +55	213 + 31(2) →13＋31
阳平 53	53 + 213	53 + 53	53 + 55	53 + 31(2) →53＋31
上声 55	55 + 213	55 + 53	55 + 55 →53＋55	55 + 31(2) →55＋31
去声 312/31	31(2)+ 213 →31＋213	31(2)+ 53 →31＋53	31(2)+ 55 →31＋55	31(2)+ 31(2) →31＋31

注：表中括号及括号里的数字 2 表示去声有两读，分别是 312 或 31。

总体来看，其基本变调规律是：

---

① 邵燕梅：《关于郯城、平邑方言区属性质的补充讨论》，《语言研究》2010 年第 1 期。

①阴平在阴平和去声前变 13。
②上声在上声前变 53（阳平调值）。
③去声在连读时无论是前字或后字都不读降升调而读低降调 31。
其他情况下连读中不发生变调。

费县方言非轻前变调从类型上看属于非叠置式音变中的前变型（前字变调）；或增（加调）值型变调，或部分变调型。① 这几项类型特征是中原官话非轻前连读变调的典型特点。此外，除去去声在语流中均读 31 调不计，连读变调中有两个变调调值：13、53，其中 53 是单字调阳平的调值（北方方言中许多地方存在的上声在上声前变阳平），13 是新产生的调值。学者们已经发现，"中原官话的连读变调有一个比较明显的特点，即连读变调中或者不产生新调值，或者只有一个新调值"。②费县方言的连读变调正符合这一特点。

下面分类举例分析各种组合的变调情况。

（1）阴平+四声（阴平、阳平、上声、去声）

阴平＋阴平：213+213→13+213　　　　公斤、中央、天空、亲身、声音
阴平＋阳平：213+53（不变调）　　　　公民、中年、天鹅、亲人、声明
阴平＋上声：213+55（不变调）　　　　公理、中午、天马、亲友、声母
阴平＋去声：213+31(2)→13+31　　　　公道、中部、天气、亲近、声势

阴平在阴平和去声前发生了连读变调现象，具体表现为前字调形、调值都发生变化，增加了一个新调类——低升调，调值为 13。

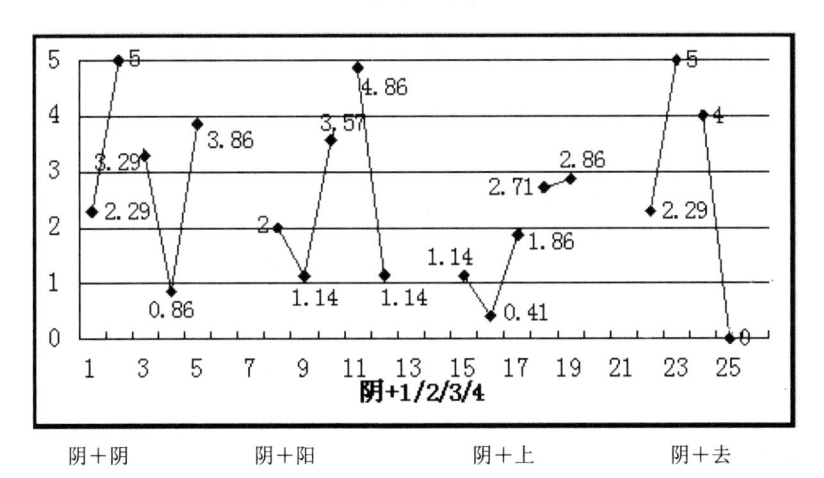

图 4.6　（朱田镇）阴平+四声组合的 T 值调形图

注：图中各线段为连读变调调形，标注数字为具体 T 值，下均同。

---

① 钱曾怡主编：《汉语官话方言研究》，齐鲁书社 2010 年版，第 369 页。
② 钱曾怡主编：《汉语官话方言研究》，齐鲁书社 2010 年版，第 374 页。

(2) 阳平+四声（阴平、阳平、上声、去声）

阳平＋阴平：53+213（不变调）　　毛巾、文章、邻村、留心、游街
阳平＋阳平：53+53（不变调）　　　毛驴、文明、临时、留言、油门
阳平＋上声：53+55（不变调）　　　毛毯、文选、磷火、流水、油饼
阳平＋去声：53+31(2)→53+31　　　毛重、文件、临近、流动、邮件

可见，阳平与四声的四种调式组合，阳平表现均十分稳定，只有去声按规律改读低降调。

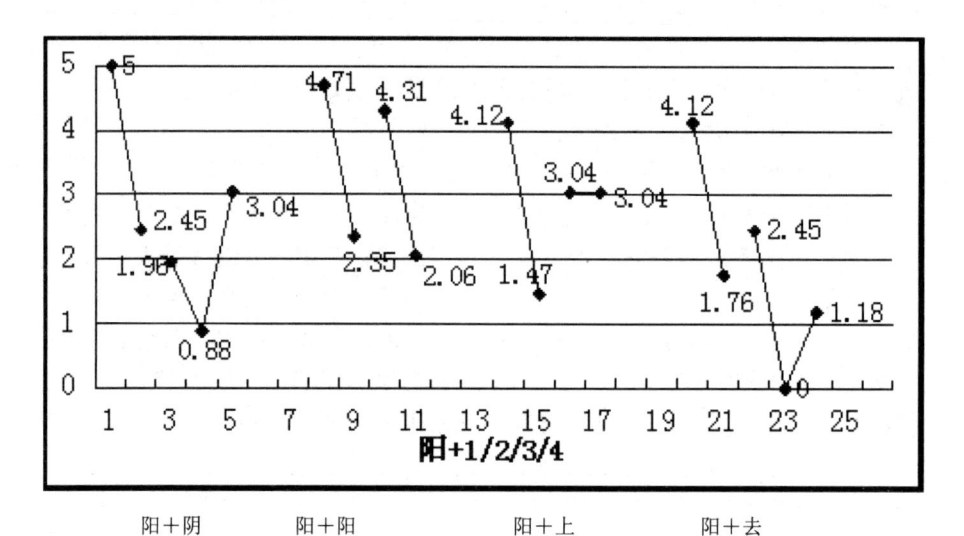

阳+阴　　　阳+阳　　　阳+上　　　阳+去

图4.7　阳平+四声组合的T值调形图

(3) 上声+四声（阴平、阳平、上声、去声）

上声＋阴平：55+213（不变调）　　小葱、主编、土星、火车、海湾
上声＋阳平：55+53（不变调）　　　小明、主粮、土人、火油、海洋
上声＋上声：55+55→53+55　　　　小暑、主考、土产、火种、海岛
上声＋去声：55+31(2)→55+31　　　小罪、主妇、改造、火棒、好像

上声的连读调只有一种，就是在另一个上声前读阳平（53）。

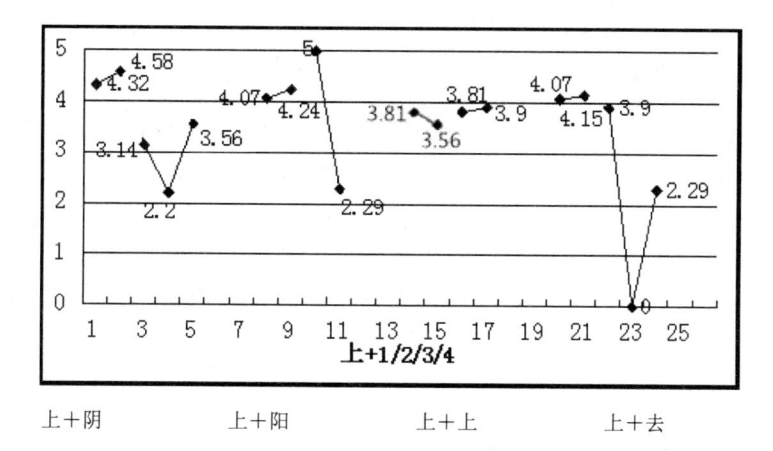

图 4.8 上声与四声组合 T 值调形图

注：上声调值记作 55。

由图 4.8 可见，尽管从听感上来说上声在上声前读得像阳平，但从图中的 T 值来看，上声在上声前只是调型由平调改为了降调，实际下降幅度并不像阳平那么大。此现象的成因具体见下一节分析。

（4）去声+四声（阴平、阳平、上声、去声）

去声＋阴平：31(2)+213 =31+213　　动工、下乡、道姑、后方、上班
去声＋阳平：31(2)+53 =31+53　　　动摇、下流、道途、后娘、上门
去声＋上声：31(2)+55=31+55　　　动手、下海、道喜、后起、上瘾
去声＋去声：31(2)+31(2)=31+31　　动荡、下士、部下、善后、上限

去声调与阳平调连读情况一致，四组声调式样（去声在连读时多读 31 调值）连读调值十分稳定，都没有变调现象出现。

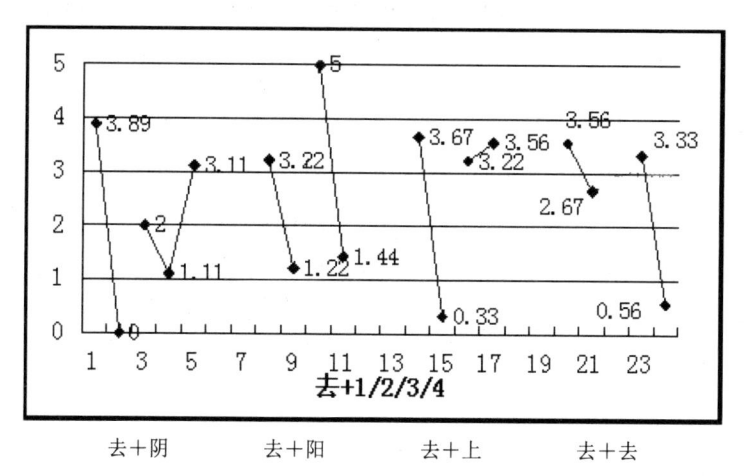

图 4.9 去声+四声组合的 T 值调形图

4.3.2 重轻型变调

从调值角度看,轻声最大的特点是调值不固定,会随着前字调值(特别是调尾)的变化而改变。轻声的绝对时长都太短,在费县多表现在 100 多毫秒,其稍纵即逝的特点使人们在心理感知上很难察觉到调形的存在。下面将具体分析轻声前的声调变化及轻声在不同声调后的表现。鉴于全县声调组合读音变化一致,下面随机抽取几个乡镇的重轻组合样本来观察其具体的调形变化。

(1) 阴平+轻声

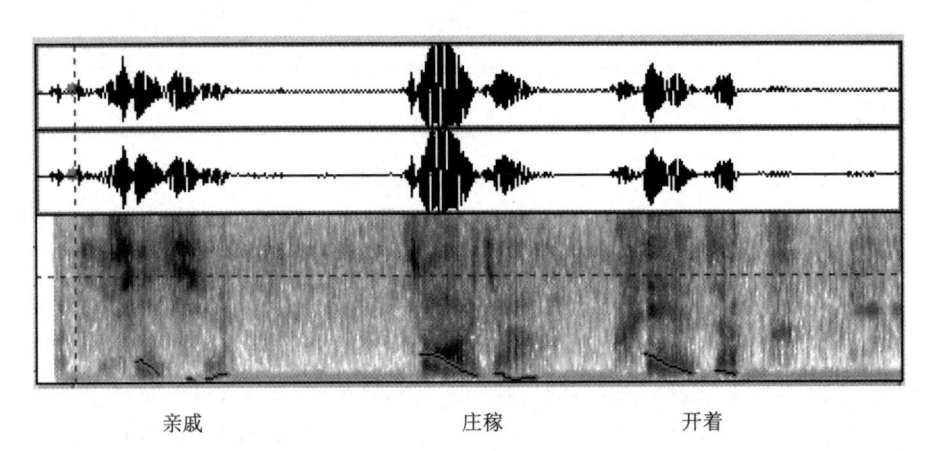

图 4.10 (上冶镇)阴平+轻声样本基频曲线语图

注:语图样本经过后期加工做了集中处理。

如图 4.10 所示,前字阴平在轻声前表现为降调调形,其后轻声音节调头部分要稍微高于前字的尾点基频,因此阴平+轻声的调值记作 31+1(又:《临沂方言志》中记作 2)。

(2) 阳平+轻声

阳平调与轻声的组合调形情况比较特殊。据曹志耘《费县方言纪略》(1989)[①]和《临沂方言志》(2001)中[②],都将阳平加轻声组合的调值记作 55+3,前字为平直调形。不过几年前(2008 年)我们在对朱田镇进行语音调查时发现此组组合前字调形多为升调。此次我们在调查了费县 18 个乡镇的总体情况后发现:阳平+轻声在费县各乡镇中目前存在着两种读音形式,

---

[①] 曹志耘、王瑛、刘娟:《费县方言纪略》,《临沂师专学报》(社会科学版)1989 年第 4 期。
[②] 马静、吴永焕:《临沂方言志》,齐鲁书社 2003 年版,第 66 页。

18个乡镇的老派发音人中主要是读平直调调形,只是在个别具体词上调形有微弱升起的趋势;在年龄层次低的发音人中则大多读升调,可参考图4.12朱田镇此组组合的调形,其样本取自新派发音人。

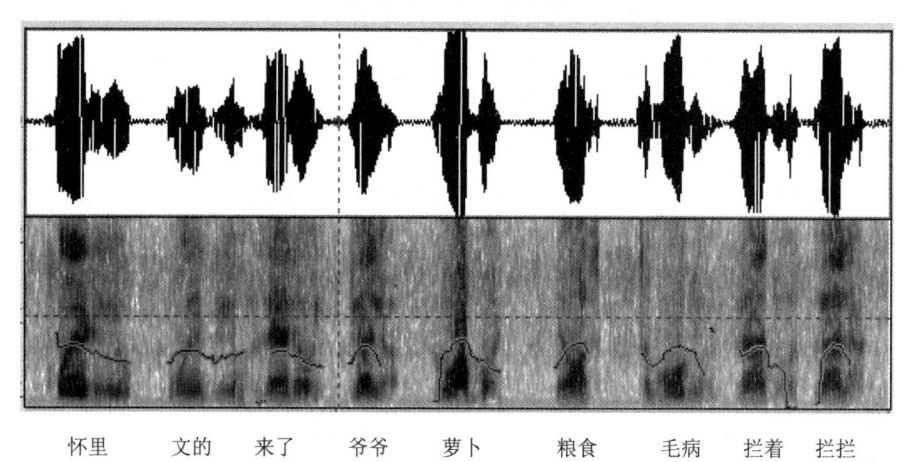

怀里　文的　　来了　爷爷　萝卜　粮食　毛病　拦着　拦拦

图4.11 （胡阳镇）阳平+轻声样本基频曲线语图
注：语图样本经后期加工做了集中处理。

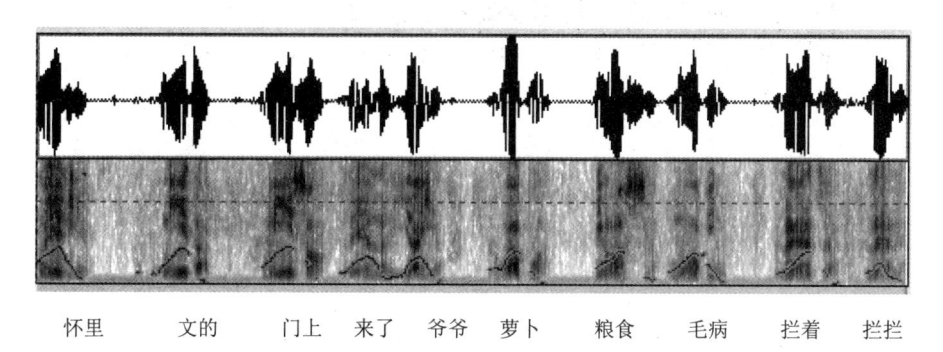

怀里　文的　门上　来了　爷爷　萝卜　粮食　毛病　拦着　拦拦

图4.12（朱田镇）阳平+轻声样本基频曲线语图
注：语图样本经后期加工做了集中处理。

考虑到18个乡镇的总体读音类型是平直调形,以及这两种读音类型的差异主要是在新、老派之间的分布上,同时参考费县周边几个区县的读音情况,还有上述文献中的相关记录,我们认为:费县方言中阳平加轻声的组合其前字读平直调是老派的读音形式,至于新派中多读升调应与普通话读书音有很大关系,前面我们已多次讲到普通话的侵入式影响造成的结果是向普通话靠拢,而普通话的阳平+轻声正是读升调+轻声。不过相对来说这种读音形式在费县方言中应是后起的读音形式,在这里还是以在老派读音中保留较早的读音形式，即平直调为准，调值记作 44 或 55，其后轻声音节调值记作 3。而新派此种组合的调值记作 35（参见《山东费县方言声调实验研究》）。至于在新派发音人中此组组合读音产生升调调值变化现象的原因，首先，阳平+轻声组合中还有一种单音节动词重叠式的特殊读音，即升调+轻声型，如"拦拦、揉揉、挪挪、移移"等，这说明从深层因素看，这组重轻组合中阳平字读升调调形存在一定的历史层次因素，应在一定程度上保留了早期的读音现象，再者，在联系观察费县周边几个县市同组组合读音的变化情况后可发现，费县周边沂水和蒙阴阳平+轻声组合前字亦读作升调 24，这里面显示出一定地域扩散的因素现象。其次，从表层因素看，受普通话的读音影响，新派发音人阳平+轻声组合多读升调的现象与普通话的同组组合调形变化一致，而一个不可忽视的现象是，新老派发音人在受普通话影响时程度上有差别，一般情况下年龄层次越低（同时受教育程度越高）的发音人受到普通话影响的程度也越深。有鉴于内外两个因素，越来越多的新派发音人在阳平+轻声组合时将阳平字读为升调。

（3）上声+轻声

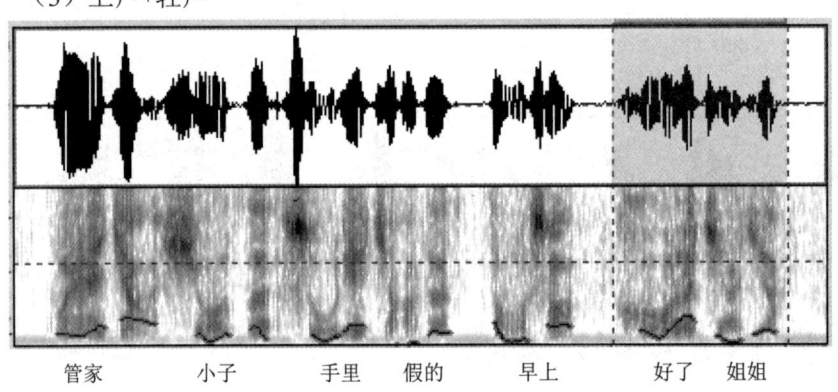

图 4.13 （上冶镇）上声+轻声样本基频曲线语图

注：样本语图经过后期加工做了集中处理。

上声字在轻声前表现为曲折调形，调值记作 214，轻声调值记作 4。此组组合中单音节动词重叠时（如"踩踩、洗洗、等等"）其前字调形变化也同其他非叠置音节组合的调形调值不同，如普通话上声在轻声前普通的词是 21+0，而上声的单音节动词重叠时前一音节读 35。在费县方言中，叠置式单音节动词组合中前字音节和上面单音节叠置动词阳平+轻声组合在新派发音人中的读音一致，也读升调。其成因与上述分析同。

（4）去声+轻声

去声在轻声前的降幅明显要比阴平在轻声前的大很多，调值记作 53+2。

（轻声音节调值 2 来自《临沂方言志》2001）[①]

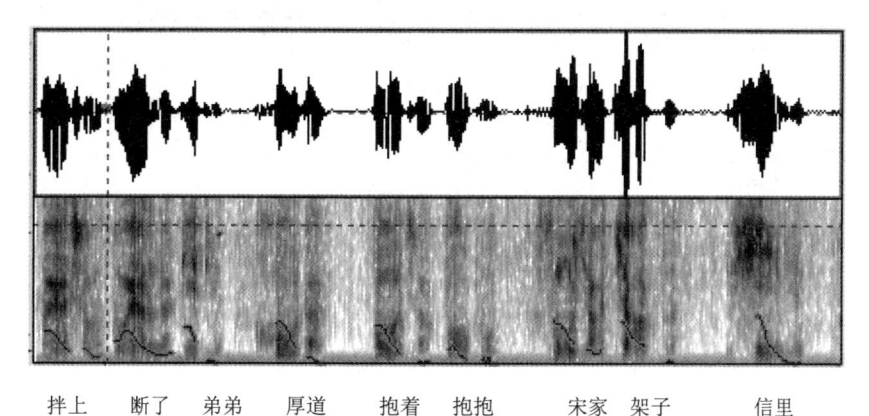

拌上　断了　弟弟　厚道　抱着　抱抱　宋家　架子　信里

图 4.14　（上冶镇）去声轻声样本基频曲线语图

注：样本语图经过后期加工做了集中处理。

总的来看，费县方言四声与轻声音节组合前字调值均发生了改变，前字阴平调值由 213 变成 31，阳平变为 55，上声变作 214，去声变为 53。其后各轻声音节随前字调值的改变调值分别为 2、3、4、2。如表 4.10 所示。

表 4.10　费县方言重轻型变调

阴平＋轻声	阳平＋轻声	上声＋轻声	去声＋轻声
213＋0 →31＋2	53＋0 →55＋3	55＋0 →214＋4	312＋0 53＋2

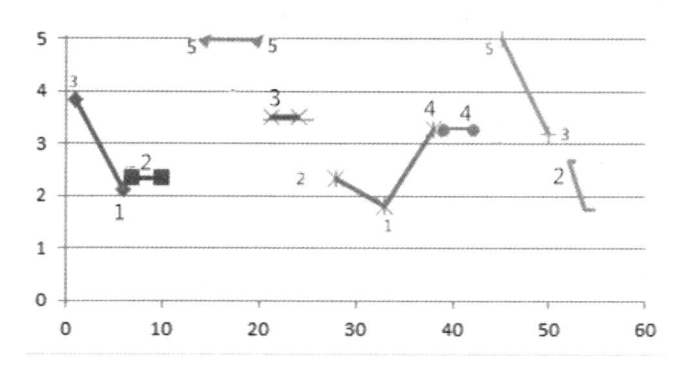

图 4.15　费县方言四声轻声组合 T 值调形图

注：轻声在声学语图上观察存在具体调形和绝对时长，因此图中据此标示轻声。

[①] 马静、吴永焕：《临沂方言志》，齐鲁书社 2003 年版，第 66 页。

4.4 轻声前变调与单字调值的关系及古调值

观察轻声前的变调，可以发现一个非常有趣的现象：尽管所有调类在轻声前都发生了变调，但是却没有产生任何的新调值。请看：

　　阴平 213 → 31（＝去声单字调值）
　　阳平 53 → 55（＝上声单字调值）
　　上声 55 → 213（＝阴平单字调值）
　　去声 31 → 53（阳平单字调值）

这就相当于在单字调中转了一个圈，值未变但类发生了转移（→表示轻声前的变化）：

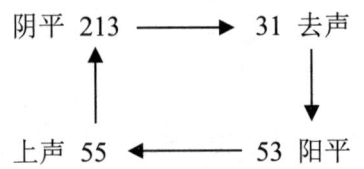

```
阴平 213 ──────→ 31 去声
      ↑             ↓
上声 55 ←────── 53 阳平
```

如同平山久雄先生所说，"在原单字调的四个位置，轻声音节前分别向其邻近的位置逆时针方向递换一个调位"。①（平山久雄，1998）（按：按本书的排列，则是顺时针方向递换一个位置）这种单字调与轻声前变调构成循环圈的现象并非费县方言独具，而是在山东不少地方都有表现。"在山东方言的不少地点，轻声前的变调与单字调相比，并没有多出多个调值，而是在单字调的调值内发生了循环。"（张树铮，2011）②如属于山东方言西区西齐片的德州也是如此：③

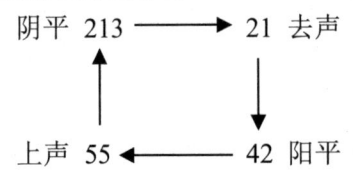

```
阴平 213 ──────→ 21 去声
      ↑             ↓
上声 55 ←────── 42 阳平
```

其变化形式与费县完全一致。属于山东方言东区东潍片最西边的寿光则只有三个调类构成了循环：④

---

① 〔日〕平山久雄：《从声调调值演变史的观点论山东方言的轻声前变调》，《方言》1998 年第 1 期。

② 张树铮：《古调值的构拟和山东方言调值的历史演变》，第二届音韵学高端论坛（2011，武汉）论文。

③ 曹延杰：《德州方言志》，语文出版社 1991 年版，第 54 页。

④ 张树铮：《寿光方言志》，语文出版社 1995 年版，第 44—45 页。

```
阴平 213 ─────→ 21 去声
  ↖           ↙
      上声 55
```

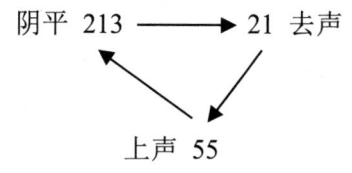

寿光的阳平在轻声前读 35，是一个新的调值，不与任何单字调相同。

既然同样的调值完全可以出现在轻声前，为什么调类要发生转移呢？或者说，为什么一个单字调要在轻声前读成另外一个单字调的调值呢？这从共时的角度是无法解释的。平山久雄和张树铮先生对山东境内方言的研究均发现："轻声前的连读变调能够保留在单字调中已经消失了的古调类。"①张树铮先生在《寿光方言古调值内部构拟的尝试》②和《山东方言古调值构拟的方法与意义》③中对此有过理论的说明，此不赘述。

既然如此，下述命题引起我们的思考：费县方言轻声音节前变调是否也保留了当地的古调值呢？其反映出来的又是哪个阶段的历史层次呢？

若费县方言轻声前同样在自身系统内保留了单字调时的古调类的话，那么根据前字在轻声前的读音，费县方言阴平的古调值可以拟为 31（今去声调值），阳平的古调值拟为 55（今上声调值），上声的古调值拟为 213（今阴平调值），去声古调值拟为 53（今阳平调值）。

这样，古调值与今单字调值的关系就是：

古   今
阴平 *31 ················· 去声 31
阳平 *55 ················· 上声 55
上声 *213················· 阴平 213
去声 *53 ················· 阳平 53

据张树铮先生（2011）的分析："这种在轻声前读为另一单字调的调值循环，一方面进一步说明轻声前的变调不可能是单纯由轻声引起的变化，而只能从历史的角度解释为古调值的保留；另一方面，由于调值只在几种内部循环，所以也有推链或拉链的作用。"④只不过我们现在还不能明确地

---

① 〔日〕平山久雄：《从声调调值演变史的观点论山东方言的轻声前变调》，《方言》1998 年第 1 期。

② 张树铮：《寿光方言古调值内部构拟的尝试》，原载《语言学通讯》1988 年第 11 期；又见《方言历史探索》，内蒙古人民出版社 1999 年版，第 135—138 页。

③ 张树铮：《山东方言古调值构拟的方法和意义》，《第七届官话方言国际学术研讨会》（合肥）论文，2013 年。

④ 张树铮：《古调值的构拟和山东方言调值的历史演变》，第二届音韵学高端论坛（武汉）论文，2011 年。

指出这个循环圈的起始点到底是哪一个。

张树铮先生（2013）对山东境内阴阳上去四声进行了古调值的构拟，他的结论是，山东方言的调值经历了下述的演变过程：

阴平：低降 *31→214（213）→13
阳平：高升 *35→55→53→42
上声：低降升 *214（213）→55
去声：高平 *44→53→21→312

而从时间序列来说，山东方言调值演变的序列和时代层次如表 4.11 所示：

表 4.11　　　　　　　山东方言调值演变的时间序列

调类 \ 时间序列	A	B	C	D	E	F	G
阴平	31 潍坊、济南	31	313 德州 21-3	313	313	213	13
阳平	35 潍坊	35	55 济南、德州	55	53	53	42
上声	214 潍坊、济南、德州	214	214	214	214	55	55
去声	44 潍坊	53	53 济南、德州	21	21	21	312
方言点	荣成 阴平单字调为53	（天津）	龙口			济南	阳谷

说明：表 4.11 中用右下标标出地点的调值表示是该地点的轻声前变调调值，其中德州的 21-3 表示德州的阴平在轻声前读 21 但其后的轻声为 3（不同于济南，济南阴平在轻声前读 31 但轻声音高读 1，1 是前一音节音高的延长）；"方言点"表示单字调符合某个序列调值的今方言（其中荣成阴平单字调读 53 与 A 序列阴平读 31 略有差异；"（天津）"列出的是外省区方言点，因为山东省内今单字调系统没有 B 序列的类型，另外 D、E 两个序列都未列方言点，是因为还没有发现单字调与此相符的今方言点。

参照张树铮先生的研究结论，费县方言今单字调值系统与 F 序列（济南型）和 G 序列（阳谷型）相近，与济南不同的是费县的去声单字调读 312（与阳谷同），与阳谷不同的是费县的阴平单字调读 213（与济南同）。因此，或许可以在张树铮先生上表的基础上，在 F 和 G 之间再增加一个序列：阴平 213，阳平 53，上声 55，去声 312／31，代表点如费县。从轻声前的变调来看，则费县方言的轻声前变调系统属于 C 序列，与龙口方言的今单字调值系统相合。

4.5 重重型变调的成因考察

如上文所说，整体上看，费县方言重重型连读调类调值稳定，连读变调类型较少，且变化也较小。主要的变化是①上声在上声前读 53，②阴平在阴平和去声前读 13。这种连读变调隐藏着什么样的演变信息呢？或者说，其成因何在呢？

张树铮先生指出："方言调值变化的原因应该既有扩散的一面，也有内部演化的一面，但从大的趋势来说，扩散应该是在其中起了更重要的作用。""语音的各个要素都可能发生扩散，但调值可能是比元音辅音甚至比调类更容易扩散的要素。"[①] 这需要从内部演变和外部影响两个角度来考察费县方言连读变调的成因。下面先从外部影响来看。

为便于说明问题，我们先根据《临沂方言志》将费县周边地区临沂十二区县的重重型连读变调的情况汇成总表如 4.12 所示。

表 4.12　　　　　　临沂十二区县重重型连读变调表

方言点	后字 / 前字	阴	阳	上	去
费县	阴 213	13+213			
	阳 53				
	上 55			53+55	
	去 31/312	31+213			
兰山	阴 214	24+214			31+214
	阳 53				31+53
	55			53+55	31+55
	312	24+31(2)	53+31(2)	55+31(2)	35+31(2)
罗庄	阴 214	24+214			31+214
	阳 53				31+53
	上 55			53+55	31+55
	去 312	24+312			35+312

---

① 张树铮：《古调值的构拟和山东方言调值的历史演变》，第二届音韵学高端论坛（武汉）论文，2011 年。

续表

方言点	前字\后字	阴	阳	上	去
河东	阴 214	24+214			31+214
	阳 53				31+53
	上 55			53+55	31+55
	去 312	24+312			35+312
临沭	阴 213	23+213			31+213
	阳 53				31+53
	上 55			53+55	31+55
	去 312/31	24+312			31+312
莒南	阴 213	23+213			31+213
	阳 42				21+42
	上 44			42+55	21+55
	去 21	23+21			23+21
沂南	阴 213	13+213			
	阳 53	13+53			
	上 55	21+55		53+55	
	去 31	13+31			
沂水	阴 213	24+213			
	阳 53			213+53	
	上 44			53+44	
	去 21	24+21		24+21	
蒙阴	阴 214	24+214			
	阳 53			214+53	
	上 45			53+45	
	去 31	24+21			
平邑	阴 213	24+213			
	阳 53				31+53
	上 34				31+34
	去 312	21+312			32+312

续表

方言点	前字\后字	阴	阳	上	去
苍山	阴 214	24+213			
	阳 53				
	上 55			53+55	
	去 31	24+31			
郯城	阴 313	24+313			
	阳 55	22+55			
	上 24	22+41			43+41
	去 41	21+312			32+312

注：①表中空格的部分表示未发生连读变调。②莒南、沂水轻声变调有 A、B 两种变调式，此处只列类似的一种类型联系对比。③表中括号和里面的数字表示此调还有第二个调值，如 31(2) 表示 31 或 312。

从表 4.12 可以看出，费县周边十一个区县的连读变调情况对应并不整齐。

（1）变调现象最多的是阴平+四声组合，此类型组合中以阴平+阴平和阴平+去声组合的连读变调现象最普遍，在临沂全部区县中都存在。阴平+阴平调形和调值也基本一致，前字都变读为升调调形，调值主要是 24，后字原调值保持不变；只有费县和沂南前字阴平的调值变为 13。阴平+去声组合一般变调形式为前字变为升调，调值多为 24，还有几个区县记作 13。

（2）其次是去声+四声组合的连读变调现象也较多。此类组合中去声+阴平、去声+阳平、去声+上声组合连读变调均是前字变为降调，调值多为 31，最后一组去声+去声的组合前字变为升调 35，后字调值保持不变。

（3）第三种变调现象是上声与上声连读变调，调形变化一致都是降调，记作 53+55。此组合除了蒙阴、平邑、郯城、莒南不存在变调现象外，费县与其他区县的变调读音情况表现一致。

（4）最后是阳平+四声的组合类型，这种类型在临沂普遍不存在变调现象，只在兰山区有一例去声加阳平的连读变调，且是后字变调，调值记作 53+31。费县在此类连读中不存在变调现象。临沂辖区各区县阳平均为降调 53 或 43，这种大面积连读不变调现象间接告诉我们，降调 53+四声组合更易维持内部稳定，不易受到规则影响产生变调。

通过与周边其他区县的对比我们发现：费县在重重型连读变调上与其

他区县非常接近,其差异主要体现在调值上。阴平+阴平、阴平+去声这两组变调费县都是前字变调为低升调13,而其周边区县主要变为半低升调24,由于两者都是较低的升调,所以也可以认为是一致的。此外第三组连读变调上声+上声55+55=53+55的类型,费县与其他十一个区县的情况完全一致。费县方言重重型连读变调与周围方言的一致性,说明这些连读变调应该是扩散的结果。

不过,为什么有的重重型组合产生变调、有的重重型组合不产生变调呢?通过分析来看,这也有调值本身的原因。下面分别对发生变调的组合情况从音值的角度进行分析。

① 阴平在阴平前变为低升调(213+213→13+213)与上声在上声前变阳平(55+55→53+55)

从调值组合上看,费县的213+213→13+213很像是北京话的214+214→35+214,只不过北京话的214是上声的调值,但都是低降升调在低降升调前变为升调。

从音理方面分析,低降升调组合连读时,语流中"这一类调值中的低音部分需要对喉部加以特殊的调节(如绷紧声带、拉下喉头、控制呼气量等)才能使声音沉到足够的低度,所以发*214应当是比较吃力的。因此,可以理解为,两个上声连时,前一上声受到后一上声的异化作用而稍稍变高,遂与阳平*24难以区别,终于合并了"。(平山久雄,1998)[①]我们如果不去计较平山久雄这一分析中涉及的具体调类,那么可以说他说的道理其实是:单个低降升调发音时便有一定困难,两个低降升调相连则使难度更为增大,因此,"低降升+低降升"容易变成"升调+低降升"。我们还可以补充一句:为什么前字会变成升调而不是别的调值比如降调呢?这是因为低降升调其实具有两个特征:一个是降、一个是升。如果要简化该调的发音,要么保留降调,要么保留升调。而保留降调显然不是"最优选择",因为后一音节起始阶段就是一个降调,前面如果再来一个降调,那就需要发音时先降到底再升起来发后一个降调,这显然不如前面先发一个升调再顺势降下来发一个降调更省力。如下图所示:

低降升+低降升　　低降+低降升　　升调+低降升

"低降升+低降升"是音高变化四次,"低降+低降升"也是音高变化四次,

---

① 〔日〕平山久雄:《从声调调值演变史的观点论山东方言的轻声前变调》,《方言》1998年第1期。

而"升调＋低降升"音高变化只有三次。所以，"低降升＋低降升"容易变为"升＋低降升"而不是"降＋低降升"。这一音理可以用来共同解释北京话中的"上声在上声前变阳平"和费县话中的"阴平在阴平前读13"，虽然二者对应的调类不同，但从调值变化的趋势看是相同的，因为它们有共同的音理。

不过这样一来，就产生了一个新的问题：费县方言的上声在上声前也变阳平，而上声的调值是55，是不是高平调与高平调相接也有发音上的困难或者说不省力吗？这显然就不能这样解释了。比如北京话的高平调（阴平55）与另一个高平调（阴平）相连，便不发生变调。那么，费县（以及上文提到的其他山东方言）上声在上声前变阳平就不是能用共时现象来解释得了的了。

我们认为，山东方言中上声在上声前变阳平是一种历史音变的遗留。

上声在上声前变阳平的现象不仅在山东方言中存在，在许多北方方言中都存在。据研究，在北方官话中，特别是北京话，上声在上声前变阳平的现象至少在明末就已成为普遍的规律（喻卫平，1997）。[①]而上文讨论轻声前变调和古调值的时候，就已经提到，根据张树铮先生的研究，山东方言中上声的古调值就是*214，而阳平就是*35。如果那个时候山东方言中两个上声相连前一个变为升调35，就是与现在北京话上声在上声前变阳平一样完全符合音理的了。只不过后来山东方言中的上声调值发生了变化，多数地区读成了高平调55（烟台、荣成一带上声还读214），而阳平则变成了53（荣成仍读35）。山东方言中的大部分地区虽然上声和阳平的调值发生了变化，但是"上声在上声前变阳平"的变调模式却保留了下来。

综上所述，费县方言（及许多山东方言）中存在的"上声在上声前变阳平"是历史上连读变调模式的继承，而阴平在阴平前变升调则是在阴平调变为低降升调之后发生的符合音理的变化。这一音理曾经在历史上导致了"上声在上声前变阳平"，而后来则导致了阴平在阴平前读升调。

需要指出的是，在山东阴平读低降升调的方言中，有许多地方是与费县一样阴平在阴平前读升调的，如：

  济南 213＋213→24＋213
  德州 213＋213→23＋213
  宁津 324＋324→34＋324
  莱州 213＋213→45＋213[②]

[①] 喻卫平：《明代的上声连读变调现象》，《中国语文》1997年第5期。
[②] 钱曾怡主编：《山东方言研究》，齐鲁书社2001年版，第97、102页。

但是，并非前一字都读升调，有些地方阴平（213 或 214）在阴平前读为高平调。如：

  平度 214+214→55+214
  即墨 213+213→55+213
  青岛 213+213→55+213
  博山 214+214→55+214[①]

在我们看来，这其实仍然是符合上述的音理的。请看下图所示：

  低降升+低降升 高平+低降升 升调+低降升
   ↘↗ ↘↗ → ↘↗   ↗ ↘↗

也就是说，相连的低降升调中前一字改读高平，仍然符合省力的原则。为什么不会读成低平调？因为读成低平调的话，则要费力。如下图所示：

  低降升+低降升 高平+低降升 低平+低降升
   ↘↗ ↘↗ → ↘↗   → ↗

  我们在有关山东方言的材料中所发现的唯一例外是《山东方言研究》中所记的胶南方言：阴平（213）在阴平前变为低降 21，即 213+213→21+213。[②]然而，这只是一个笔误或印刷错误。因为据该书第 92 页，胶南声调的材料来源是《青岛市志·方言志》，而我们查检《青岛市志·方言志》后发现，胶南的两字组连读变调中，阴平在阴平前的变调是："214+214→33+214"。[③]另据唐顺《胶南方言语音研究》，胶南话阴平在阴平前的变调是："214+214→24+214"。[④]总之，都不是低降调在低降调前变低降的模式，这也说明前述的音理或规律在山东方言中是普遍性的，没有例外。

  上述阴平在阴平前读高平的地区主要分布在山东方言的东区以及与东区毗邻的地区（博山以东的青州就属于东区），这种地域分布说明，除了音理的原因之外，此外定然还有扩散的原因。

  ②阴平在去声前读为低升（213+312→13+31/312）

  单纯从费县方言以及山东方言西区西鲁片（大体属于中原官话区）的单字调来看，这种变调与阴平在阴平前读升调情况类似，因为西鲁片方言中去声字单念时读降升调，那么当降升调（阴平）与降升调（去声）相遇的时候，前字变为升调也很自然。但是有两个因素使我们不能简单地与阴

[①] 钱曾怡主编：《山东方言研究》，齐鲁书社 2001 年版，第 97—101 页。
[②] 钱曾怡主编：《山东方言研究》，齐鲁书社 2001 年版，第 99 页。
[③] 李行杰主编：《青岛市志·方言志》，新华出版社 1997 年版，第 62 页。
[④] 唐顺：《胶南方言语音研究》，硕士学位论文，山东大学，2007 年，第 17 页。

平在阴平前读升调作同样对待：一、阴平在去声前读低升的现象并非仅限于西鲁片，也就是说，阴平（低降升调）在去声不读降升调而读低降调的方言中同样发生；二、西鲁片方言中去声单念固然读降升调，但实际上在连读中只读降调（31）而不读降升调，因此，阴平（低降升调）并不是因为后字读降升调而变为低升调的。非西鲁片方言阴平在去声前读低声调的方言，如：

  济南　213＋21→24＋21
  德州　213＋21→23＋21
  博山　214＋31→24＋31
  青州　213＋21→24＋21
  高密　214＋31→24＋31[①]

以上五个方言点中，济南、德州、博山属于西区西齐片，青州、高密属于东区东潍片。

  从音理上说，低降升在一个低降前不变调的话，倒不属于特别费力的情形。如下图所示：

  低降升＋低降

但显而易见的是，还是不如前字变化一下读低升更为省力。如下图所示：

  低降升＋低降　　低升＋低降

前字变为低升之后，两个音节的音高变化过程由三个变为了两个。所以，我们认为，低降升的阴平在低降的去声前变为低升，仍然是发音时的省力原则在起作用，也是符合音理的一种变化。

[①] 钱曾怡主编：《山东方言研究》，齐鲁书社 2001 年版，第 99—102 页。

第五章　对费县方言语音的几点思考

上文我们分别对费县方言的声韵调进行了共时和历时的分析。本章综合费县方言的整体情况，结合内部差异和相邻方言观察一下费县方言语音面貌形成的几个问题。

5.1　从地理看费县方言语音特点的形成

5.1.1　从费县方言的区属说起

在官话方言的分区中，《中国语言地图集（第一版）》（1988）[①]将费县方言归于中原官话郑曹片（与临沂、菏泽、濮阳、开封、郑州、许昌、南阳、商丘、阜阳、宿州等同片），而《中国语言地图集（第二版）》（2012）[②]中费县方言属于新设立的中原官话兖菏片。兖菏片除了原属山东省的河南范县、台前县外，全部在山东境内，大略相当于山东方言的西区西鲁片。应该说，对中原官话的分区分片，《中国语言地图集》第一、二版有比较大的差异。费县周边的山东方言中，《中国语言地图集》第一版与第二版的差别有：①滕州（滕县）与其西、其北的济宁、泗水等原属中原官话蔡鲁片（与河南中南部的周口、驻马店等同片），也就是说，费县与滕州不同片，第二版这些地方同归兖菏片；②平邑和郯城原标作具有冀鲁官话性质的中原官话，第二版迳归中原官话兖菏片；③蒙阴、沂南原标作带有中原官话性质的冀鲁官话，第二版迳归冀鲁官话石济片聊泰小片；④莒县、莒南、日照原归带有胶辽官话特点的冀鲁官话，第二版迳归冀鲁官话。上述划分的差异中，①的划分应该是更合理的，因为费县与相邻的滕州有许多共同点，

[①] 中国社会科学院语言研究所、澳大利亚人文科学院编：《中国语言地图集》，朗文出版（远东）有限公司 1988 年版。

[②] 中国社会科学院语言研究所、中国社会科学院民族学与人类学研究所、香港城市大学语言资讯科学研究中心编：《中国语言地图集（第二版）》，商务印书馆 2012 年版。

特别是滕州与枣庄（原属郑曹片）共同点更多。②③④第一版的做法应该说区分得更细，例如，莒县、莒南、日照一带（也包括划归中原官话的江苏赣榆），除了清声母入声字的今读与冀鲁官话（赣榆是与中原官话）相同之外，其余大多数特点与胶辽官话相同，山东方言分区中划归东区（胶辽官话区）。

上述情况说明，费县方言位于山东省内中原官话的北缘。其北部、东北部是带有冀鲁官话区特点的蒙阴、沂南，再往北不远，就是胶辽官话区的沂水和属冀鲁官话但带有胶辽官话性质的莒南、莒县。其西和其南，才是广阔的中原官话区。

费县方言的这种地理特点，决定了它既具有中原官话的一般特点，也会受到胶辽官话、冀鲁官话的一些影响。当然，有些语音特点则属于不牵涉分区标准的，但也与周边方言在地域上相连或受到了周边方言的影响。

5.1.2 费县方言中带有胶辽官话特点的因子

费县方言尽管不属于"带有胶辽官话性质"的地区，但不能不承认，在有些方面，费县方言还有带有胶辽官话的因子的。

从知庄章组字的今读来看，费县方言 18 个乡镇在知庄章分立合并方面表现出对应不整齐的现象，即知庄章组声母二分与合并的现象同时存在，与西区大多合并读一类（tʂ 组或 ts 组）的情况存在不统一的情况，其知庄章二分的现象与东区多读两类的情况（一类为 tʂ 组或 tʃ 组，另一类读 tɕ 组或 tʃ 组或 ts 组）重合。如此一来，费县方言知庄章组声母二分的现象就兼有并表现出东区胶辽官话方言的性质特点。东区胶辽官话一带方言中古知庄章组声母二分保留的是一种较古老的语音现象，费县内部分方言知庄章二分所呈现出来的胶辽官话的特点应是其底层性质的反映。

从另一组声母来看，费县各乡镇尖团分立合并的情况也对应得十分不整齐，既有尖团二分或三分的现象（一类为 tɕ 组和 tʃ 组的对立，另一类为 tθ 组和 tɕ 组或 tʃ 组的对立），同时也有尖团合并为一类的情况（多合并为 tɕ 组或 tʃ 组），不过从 18 个乡镇具体的分合情况看，总体说来尖团合并是大势所趋。从地理分布上看，东区胶辽官话方言大多分尖团，只有靠近西区的少数地区不分；至于西区则多数不分尖团（鲁西南部分地区分尖团）。具体情况见图 5.1。

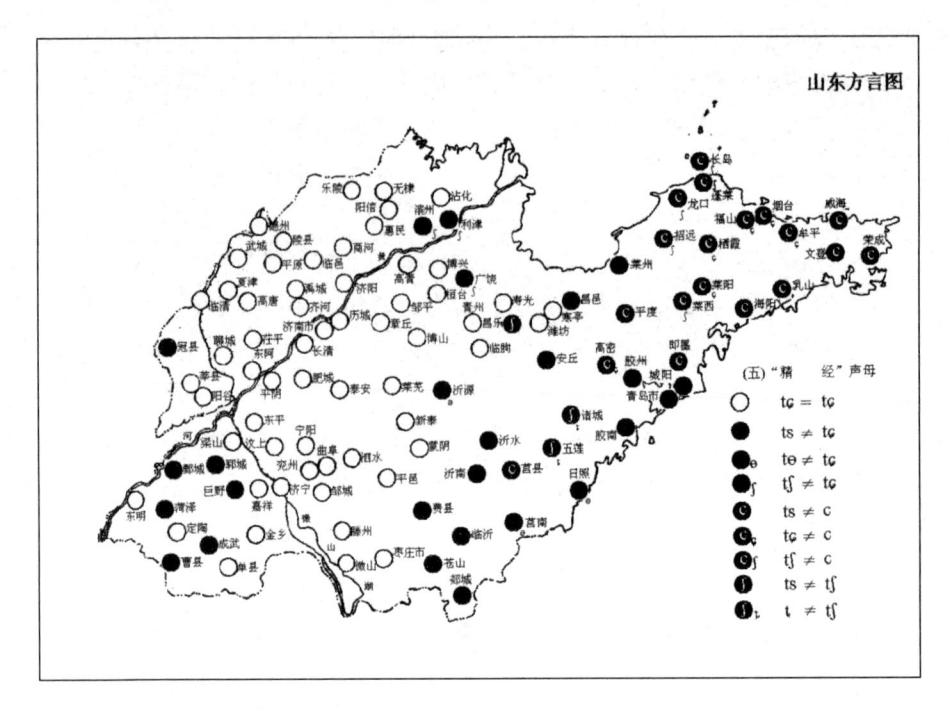

图 5.1　山东方言尖团音读音

注：本图摘自钱曾怡主编《山东方言研究》。①

从图 5.1 可以很清楚地观察到山东方言尖团合并与分立的地理分布情况，笼统地说，山东境内方言尖团分立的情况主要存在于东区方言中，另在西区最东边少数几个县市中也存在分立的现象，但西区大多数方言是尖团合并的。尖团分立与尖团合并相比自然反映出来的是更为古老的语音层次，据考察，沿着自西向东扩散的方向，越往东，其尖团分立保留了越古老的语音层次。②有鉴于上述地理分布的实际情况，可认为在费县方言内部存在的尖团分立现象的情况首先是其特殊的方言地理位置造成的语音过渡演变，其次也应是尖团演变扩散过程中的残留层次。因而，考虑到费县方言的这种语音情况，应当可以认为从尖团分立合并这一点上，费县方言带有的胶辽官话特点应代表了其更早的语音层次，也就是其更为古老的底层性质特点。

张树铮先生《山东方言语音特征的扩散方向和历史层次》一文从具有

---

① 钱曾怡主编：《山东方言研究》，齐鲁书社 2001 年版，第 121 页。

② 张树铮：《山东方言语音特征的扩散方向和历史层次》，《山东大学学报》（哲学社会科学版）2007 年第 5 期。

语音分区性质的 13 个特点考察分析了山东境内方言的演变扩散情况，认为鲁南地区的中原官话区是受中原地区官话的影响而形成的。中原官话的语音特点在临沂一带明显以山区为界：沂山以南（蒙山以北）、五莲山以南属于山东方言的南区（中原官话区），而沂山到五莲山的山区则属于山东方言的东区（胶辽官话区和带有胶辽官话性质的冀鲁官话区）。请看图 5.2。

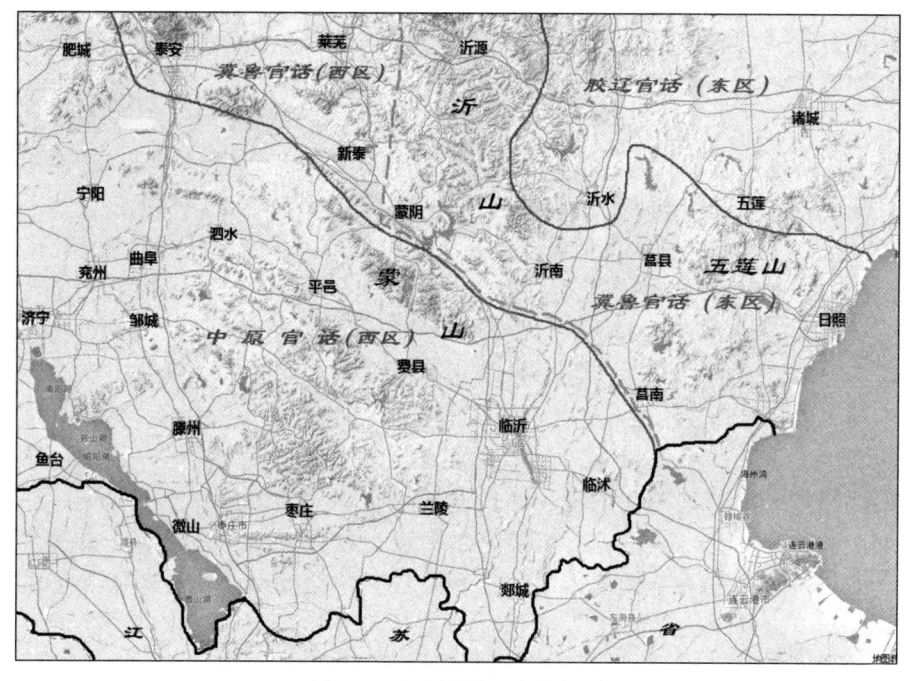

图 5.2　鲁南地区方言的分区

可以认为，是沂山到五莲山阻挡了中原官话特点的继续北上。那么，费县方言在古知庄章二分和尖团分立的情况表明其具有某些胶辽官话的底层语音特点，其中原官话的面貌是受中原官话影响而形成的。

5.1.3　费县方言中与周边方言地域相连的一些语音特点

山东方言的不同语音特征在分布上呈现着明显的过渡性[①]。前面提到，费县方言内有一组特殊的声母齿唇音声母，但其读音存在着明显的内部差异。这种差异首先是新派和老派间的差异，其次还有地域差异。从地域角

[①] 张树铮：《山东方言语音特征的扩散方向和历史层次》，《山东大学学报》（哲学社会科学版）2007 年第 5 期。

度联系费县周边地区看，大致说来，费县东部、东南部接近兰山区的一些乡镇古知系声母在拼合口呼韵母时多不发 pf、pfʰ、f；而在北部、中部、南部的老派发音人中则多有保留，新派基本不发此类声母；只有西部的朱田、梁邱、南许家崖等地在新派和老派的日常交际中仍多保留 pf、pfʰ、f。这种地域分布差异与费县四周的方言环境有关（参见前文图 2.21、图 2.22）。从新泰到平邑、费县、泗水、滕州、枣庄这一带是古知系字逢合口读齿唇音最整齐的地区，而其东的郯城、特别是其西的菏泽一带，只有擦音才读齿唇音。这种现象明显表现出费县方言与其西部和北部方言的联系。

儿音、儿化在费县内部也存在着内部差异，这些差异在与周围地区特点对比后也可以发现它们彼此之间的相互接触影响和渗透。费县周边的大致情况是：东部和南部的沂南县、临沂兰山区、兰陵县都是卷舌型儿化的地区，而北部、西部的平邑县、滕州市和枣庄市山亭区都是变韵型儿化的地区。至于费县方言内部儿音、儿化具体可细分为三种类型，分别是 A 卷舌型儿化、B 独成音节的儿尾、C 无儿化亦无儿尾。据我们研究推测费县这些读"零形式"的方言，原本是同北面的平邑、西面的滕州、山亭、东南的罗庄一样读变韵型儿化的——事实上读"零形式"的 3 个乡镇，北部的大田庄乡正与平邑接壤，西部的梁邱镇恰与枣庄市山亭区（该地区原属滕州市）毗邻，东南的马庄镇也并非巧合地与临沂市罗庄区相连，后来在卷舌型儿化方言的强势影响之下，原先发生变韵的韵母有一部分或大部分改读了卷舌型儿化，另一部分则放弃了变韵但还没有改读卷舌型儿化，而是读作"零形式"，至于本来就不变韵的韵母，就大部分仍读不变韵的"零形式"。上文提到的大田庄和马庄都有部分"零形式"的韵母另有卷舌型儿化的形式，这应该是在卷舌型儿化方言影响下正在发生的变化。

上述现象说明，费县方言的一些语音特点与周边地区方言是地域相连的，体现出了相邻方言在语音特点上的相互联系和相互影响。正如张树铮先生所说："相邻的方言区片之间并没有截然的边界。不同方言区片之间的差异主要体现在其中心地带，而在边缘地区的特征往往是你中有我、我中有你。"[①]

[①] 张树铮：《山东方言语音特征的扩散方向和历史层次》，《山东大学学报》（哲学社会科学版）2007 年第 5 期。

5.2 内部差异与语音发展的不均衡性

5.2.1 费县内部的地域差异

在前面的讨论中，我们详细地说明了费县 18 个乡镇在声母特征、韵母特征和声调特征方面都存在明显地域上的差异表现。此处不再赘述。这些差异中，有些是与县内各乡镇的方言环境有关的，如靠近不分尖团的兰山区的乡镇一般也不分尖团，再如变韵型儿化的乡镇与变韵型儿化的县外方言相连；有些则是保持更古老语音特征的程度不同而造成的，如城北乡保持了古知庄章组声母二分的局面，而周围其他乡镇则知庄章组合一；有些可能是独立的发展变化，如费城镇和新桥镇儿化形式为独立的 $l\partial$ 音节。这既体现了语音发展中相互影响的作用，也说明了各地（哪怕是县内的不同乡镇）在演变中也会有自己的特点，从而形成自己的个性。当然，从全县的范围来说，应该说共性要大于个性，但毕竟各个乡镇的个性还是存在的。

5.2.2 费县方言的新老差异

前文已经讨论了费县方言内存在的许多新老差异现象。方言新老派间的对比差异近些年越来越明显，不同年龄层次间的差异更多地体现出方言语音特征的弱化和退化，这主要是由于普通话的影响造成的。新派由于年龄层次低，受教育程度较高而更主动地接受普通话的长期影响，再加上外出流动频繁，越来越多的方言语音特征在新派发音人中弱化进而消失。而老派则由于受教育程度相对较低，生活范围较小，并且随着年龄增大而难以改变原有发音习惯，如此一来，他们则较多地保留了相对本色的原有语音特征。比如前面提到的知系合口呼读齿唇音在费县方言内部存在严重的分化，老派发音人在一定地域内多少都有保留，而在整个费县新派发音人的口中却越来越少听到，其发音越来越向普通话靠拢。值得注意的一种现象是，在城区里，有许多中老年人平常并不说普通话，受普通话的影响也较小，但是，由于要培养幼儿或孙辈从小说普通话，或者是由于幼儿或孙辈自小只说普通话，他们在与孩子交往中便有意或无意地用普通话来交流，从而形成了中老年人只在家庭内使用（当然是部分使用）普通话的独特现象。这比较典型地说明了普通话在当今的巨大影响。

不过，方言中有些语音特点也不会急剧消失。像前面提到，普通话的 er 在青年人中多数已经不发方言的 $l\partial$ 了，但是口语中的常用字如"耳"还是常常发成 lɚ。再比如，费县方言中相当于普通话前鼻尾韵的韵母都发成鼻化元音（介音不鼻化），这种方言特点即使在新派那里也很少有改变。这是因为，这些韵母与普通话的前鼻尾韵母比较接近，也没有音类上的差异，一般人往往觉察不到其中的区别。这样的方音特点就不容易消失。总的来说，在新派中，不容易被察觉的方言特点会最顽固地保留下来；容易察觉到的与普通话不同的音往往易于改变，但这种改变也是通过词汇扩散的方式进行的，口语中不用或不常用的书面语词先变，常用的词后变，或者是有时候变有时候不变。这种现象可能要经过长时期的过渡才能彻底改变一种方言的语音特点。

5.3 语音发展的外部影响与内在因素

本章上面的讨论主要是外因（包括普通话、也包括县外方言，还包括本县内不同地域）的影响，可以看出，外部影响对于本区域内方言语音的变化来说是非常重要的推动因素。这些外部因素可以分为两类，一类是周边方言的影响，另一类是普通话的影响。这两类影响特点是不同的。周边方言的影响是一种系统的渐进式的影响，不同地域间的人员交往，以及通婚等因素造成的不同方言间的密切接触，使得邻近方言的特点逐渐渗透，从而导致缓慢的不知不觉的语音变化，所以这些变化也是成系统的变化。而普通话的影响则是跨地域进行的，传播的途径首先是通过各种现代化的媒体，受影响者首先是学生和年轻一代，其次再影响到中老年人；影响的语音成分首先是个别词的读音，其次再扩散到同类的词的读音。由于方言与普通话的声韵调对应并非整齐的，因此普通话的影响常常会导致方言语音中与古音类的对应规律产生混乱。如普通话中次浊入声字读去声，按照普通话这类字的声调来读就打乱了方言中次浊入归阴平的规律。

下面我们主要讨论的是，从费县方言看外部的影响如何通过内部因素来发挥作用。

1) 外部语音特征如果符合发音的和谐和省力，那么容易被吸收进来。例如，尖团音本来古声母来源不同，分别来自精组和见组声母，泾渭分明。但是，在细音韵母前，由于-i-介音是舌面前高元音，而见组声母是舌根音（舌面后音），发完声母后需要将舌位大幅前移，发音费力，因而使得声母部位前移，一变为舌面中音 c、cʰ、ç 如烟台等地，再变为舌面前音 tɕ、tɕʰ、ɕ 如临沂、费县。而尖音字声母本来读舌尖前音，与-i-介音的舌面发音也不和谐，所以近代以来有不少方言声母变为与-i-部位相同的舌面前音，从而与团音字合并。费县方言中本有从团音来的舌面前音声母，要将尖音字读为舌面前音声母，是比较容易的。所以，费城、薛庄、大田庄、上冶、梁丘、石井等乡镇就发生了这样的变化，尖团合一。再如古知系字在今读合口呼韵母前变为齿唇音，我们认为也有发音上便利的特点，也有可能是受邻近方言影响的结果。费县方言中古知系字今读从开口呼前的表现来看，应该是读卷舌音 tʂ、tʂʰ、ʂ 或 tʃ、tʃʰ、ʃ 的，但是合口呼介音-u-的圆唇动作使得声母唇化，由此变成齿唇音。如果这种现象不是费县原生的话，那么由邻近的枣庄、平邑方言传入也是比较容易的事情。当然，由于尖团音的合并、古知系字在合口呼前齿唇化的变化，即使没有外部的影响，在费县内部也有可能不会发生；但在外部影响与内在的发音趋势相一致的情况下，受影响而变化就比较容易发生。相反，如果外部的语音特点较之本地原有方言特点发音时费力，那么即使受到了外部影响也不一定发生变化。如普通话的前鼻音尾韵母在费县读主要元音鼻化的鼻化韵，发音时舌面不变；如果发成鼻尾韵的话，则需要舌头在发完舌面元音后再用舌尖去与上齿龈接触，动作显然要比鼻化韵复杂，所以普通话的这一特点就不容易影响到费县方言。同样，普通话的 au 韵母费县方言本来发作单元音 ɔ，单元音当然比复合元音发音省力，所以普通话的 au 韵母读法现在也基本上没有对费县方言的 ɔ 产生影响。

2）有些语音变化的动因可能出自内部，但不排除与外部影响相结合。如在第四章我们讨论到的阴平在阴平前的变调，213+213→13+213。我们认为，两个曲折调相连，前一个曲折调变为非曲折调是基于省力原则的内在需求，因此，即使没有外部影响，这种变调也很可能会发生的。尽管它看起来很像是普通话上声在上声前变调的形式（214+214→35+214），但并不是受普通话影响而产生的，因为它在普通话对方言产生较大影响之前早已存在。由于山东方言中曲折调在曲折调前变调是一种普遍的存在，而究竟前一音节变为高平还是变为低升有成片分布的地域特点，所以我们认为，这是方言内语音内在要求与外部影响相互作用的结果。

3）外部的影响受到方言内部的语音系统的改造。上面说到，有些外部影响是渐进地发生作用，所以看起来是缓慢地融入方言语音系统的；但有些外部影响通过词汇扩散的方式进入，这就有可能打乱方言中原有的系统。不过我们注意到，即使是词汇扩散方式的外来影响，也往往要通过进行一些改造才能纳入到方言语音系统之中来。打乱的是原有的与古来传承下的古今对应规律，而语音的系统并没有大的改变。例如"隔"字，方言中原读[kei²¹³]，今新派受普通话影响读[kə²¹³]，这样一来，就与原来韵母相同的"黑"[xei²¹³]韵母不同了。但是，这个[kə²¹³]实际上也是"本地化"了的普通话读法：①普通话"隔"韵母是 ɤ，与 ə 略有不同，而 ə 是方言中原有的韵母;"隔"读 kə 虽然与"黑"韵母分开了,但却与"歌可河"的韵母相同了。②"隔"的声调仍是方言的读法,调类是阴平而不是普通话的阳平,调值就更不相同了。因此,"隔"字受普通话影响而产生的新派读法并没有对方言的语音系统产生影响。从近期来看,费县方言受普通话影响而有可能导致韵母系统发生变化的是 iɛ 韵,主要是来自见组蟹摄开口二等的字,如"皆解蟹介街"等。这些字普通话也是读作 iɛ（ɛ 的实际读音舌位略高）,而费县方言中的 iɛ 却是与 ɛ（改开孩）、uɛ（外乖怀）相配的韵母,普通话 iɛ 韵母中来自蟹摄之外的字费县读做 iə（如:姐借节截写协）,与 iɛ 构成对立,如:姐 tɕiə≠解 tɕiɛ,邪 ɕiə≠鞋 ɕiɛ。由于受普通话影响,年青人中已经有不少人把这两类混同,统一读作 iə 韵母,这样一来,方言中的 iɛ 韵母就会消失。但是即使是这样,也请注意,方言中是把普通话的 iɛ 韵母的字读作 iə 而不是 iɛ,说明方言区的人认为普通话的 iɛ 相当于方言的 iə 而不是 iɛ,这仍然说明了方言语音系统对普通话影响的改造。

  语音发展同时受到内因和外因的影响,这是毋庸置疑的。从方言语音演变的情况来看,内因是和外因共同起作用的,特别是在普通话日益普及的当下,外部影响的作用越来越大。但是,方言内部的语音系统的系统性、内部各语音要素之间的矛盾与协调,仍然起着主导性的作用,由此也保证了方言语音面貌的独特性。只要不是彻底放弃方言而改说普通话,普通话对方言语音的影响只能通过方言语音系统的吸收改造来进行。此外,"方言作为汉语在不同区域的具体存在形式,它的形成、发展过程融进了本区域的人文背景和地域特征,具有很强的自足性,而且不同区域的人对他们的方言有着极强的认同感"①。方言在吸收外来成分的同时,自身也存在着一定的排斥力,在吸收和排斥的并行活动中维持着系统内的稳定和平衡。所以,我们相信,方言在普通话的冲击下会发生褪色,但不会很快消失。

---

① 钱曾怡主编:《汉语官话方言研究》,齐鲁书社 2010 年版,第 191 页。

附录　费县方言（费城镇）同音字表

① 本表共收录费县方言常用字四千多个。按韵母、声母、声调排列。韵母以前文"费城镇韵母系统"顺序为排列，韵母相同的字按声母顺序排列，同声母者再按声调排列。
② 声调只标记调类，阴平、阳平、上声、去声调值分别记作[阴]、[阳]、[上]、[去]。若某字只读轻声，则记作[轻]。
③ 异读字中，有文白异读的，在字后用括号标注"（文）""（白）"的字样；词性不同的注明词性；有必要的用小号字注明用例，其中用"～"代替被释字。

ɿ

ts　　[阴]资滋咨兹姿　　　[上]紫姊子梓　　[去]自字
tsʰ　[阴]疵呲~牙咧嘴　　[阳]雌瓷慈磁词祠　　[上]此　　[去]刺赐次伺~候
s　　[阴]撕私司丝思斯　　[上]死　　[去]四巳辰饲似寺嗣子~俟

ʅ

tʂ　　[阴]知支枝之汁织只十~鸡　　[阳]执侄直值职植殖　　[上]纸脂指止址趾
　　　[去]滞制智致至置痔治志痣质稚
tʂʰ　[阴]痴嗤眵吃　　[阳]池迟持驰　　[上]耻齿尺侈　　[去]翅赤斥
ʂ　　[阴]狮尸诗湿虱失　　[阳]匙时实十拾食识石蚀什家伙~儿　　[上]施屎使史始　　[去]世势誓是氏示视士柿事试市侍室式饰嗜逝恃适式
ʐ　　[去]日

i

p　　[阴]逼　　[阳]鼻　　[上]比鄙笔（文）彼　　[去]蔽币毙闭算避祕庇痹篦毕必璧壁辟复~
pʰ　[阴]批披匹劈坯丕　　[阳]皮脾琵疲枇　　[去]屁僻譬辟开~
m　　[阴]眯　　[阳]迷谜糜靡弥泥（文）　　[上]米　　[去]密秘蜜觅泌
t　　[阴]低滴嫡堤　　[阳]笛敌迪狄籴　　[上]底抵的目~滴　　[去]帝弟第递地土~　　[轻]的（白）(助词)地（白）(助词)

tʰ	[阴]梯踢剔　[阳]题提蹄　[上]体题　[去]替涕剃屉	
nȵ	[阳]泥（文）倪尼　[上]你拟　[去]腻逆匿溺	
l	[阳]犁离篱梨厘狸璃~琉~　[上]礼李里理鲤　[去]例厉丽隶利吏立粒栗~子~力历励痢荔　[轻]璃~玻~	
tɕ	[阴]鸡饥基机讥饥~荒~肌几~茶~绩击激级　[阳]集急及吉棘极积籍　[上]挤济己几~个~给供~脊　[去]祭际计继系~鞋带~寄技妓冀纪记忌季迹既鲫髻	
tɕʰ	[阴]妻栖欺期七漆　[阳]齐脐奇骑棋旗鳍歧　[上]启企起岂杞~枸~乞祈　[去]砌契器弃气汽泣戚迄讫去（白）	
ɕ	[阴]西溪牺嘻希稀吸膝息惜锡熙熄夕奚　[阳]畦习媳席　[上]洗喜　[去]细系戏	
ø	[阴]医衣依揖一　[阳]宜移姨疑怡沂夷饴谊仪　[上]蚁椅倚已以乙　[去]艺缢义议易~容~意异逸亿翼益疫役毅亦邑忆抑译	

u

p	[阴]铺~设~都~城~　[阳]囗面~囗（白）（~土：灰尘的意思）　[上]补捕卜占~　[去]布部簿步不怖埠	
pʰ	[阴]扑铺~床~　[阳]菩仆~从~　[上]谱普蒲　[去]铺店~瀑~布~	
m	[阳]模~子~　[上]亩牡母拇　[去]慕墓没（白）木目牧穆募幕暮	
f	[阴]夫肤蝠敷麸　[阳]扶浮福服伏　[上]府腑斧抚符脯　[去]腹赋富讣付赴父附副妇负覆	
t	[阴]都~市~督　[阳]独读毒　[上]堵赌肚~猪~　[去]肚妒杜肚度渡牍镀	
tʰ	[阴]突秃　[阳]徒屠途涂~抹~图　[上]土　[去]吐兔	
n	[阳]奴　[上]努　[去]怒	
l	[阴]录撸　[阳]炉芦鸬庐卢　[上]鲁橹卤虏　[去]路露鹿陆鹭赂禄	
ts	[阴]租　[阳]族足　[上]祖组阻紫	
tsʰ	[阴]粗　[阳]卒　[去]促醋	
s	[阴]苏酥　[阳]俗　[去]素诉塑速肃宿粟	
tʂ	[阴]猪诸株朱珠　[阳]竹烛　[上]煮主嘱　[去]著苎~麻~助驻柱住注祝	
tʂʰ	[阴]初出　[阳]除锄厨雏　[上]储楚处~相~　[去]处~所~畜~牲~触	
ʂ	[阴]梳疏蔬书舒枢输殊叔　[阳]熟赎　[上]署鼠黍~子~数（动词）~数　属署　[去]恕墅数（名词）~学戍~边　竖树术述束庶	
ʐ	[阳]如　[上]儒辱乳孺　[去]入褥	
k	[阴]姑箍孤估　[上]古股鼓骨谷　[去]故固顾雇锢	
kʰ	[阴]枯窟哭　[上]苦　[去]裤库酷	

x	[阴]呼乎忽弧　　[阳]胡湖狐壶核（白）斛糊葫　　[上]虎浒 [去]戽~水户互护沪瓠
∅	[阴]乌污屋诬坞　　[阳]吴无蜈　　[上]梧五伍舞侮鹉捂午武 [去]误悟恶厌~务戊物勿杌雾

y

l	[阴]率速~绿　　[阳]驴　　[上]吕旅缕屡履铝　　[去]虑滤律
tɕ	[阴]居车~马炮拘驹锔~锅　[阳]菊局橘　[上]举　[去]据锯巨拒距聚俱矩句具
tɕʰ	[阴]蛆区驱屈　　[阳]渠瞿　　[上]取娶曲　　[去]去趣
ɕ	[阴]虚吹~嘘须需戌戊~变法　　[阳]徐　　[上]许　　[去]絮序绪续婿蓄储~续旭
ȵ	[上]女
∅	[阴]淤　[阳]鱼渔于属~余愚娱榆愉迂　[上]语予给~雨羽虞禹宇 [去]御誉预遇芋愈喻裕郁域育狱玉欲浴豫预

ɚ

∅	[阳]儿（文）　　[上]耳（文）饵（文）　　[去]二（文）贰（文）

ə

ɭ	[阳]儿（白）　　[上]耳（白）饵（白）　　[去]二（白）贰（白）

a

p	[阴]巴疤芭八吧剥（白）扒　　[阳]拔笆　　[上]把　　[去]爸坝霸罢
pʰ	[阳]爬钯耙　　[去]怕帕　　[轻]琶杷
m	[阴]妈抹　　[阳]麻痳　　[上]马码　　[去]骂　　[轻]蟆
f	[阴]发法　　[阳]乏罚筏伐
t	[阴]搭　　[阳]答达沓　　[上]打　　[去]大
tʰ	[阴]塌　　[上]他（文）塔遢　　[去]踏榻搨
n	[阳]拿　　[上]哪　　[去]那纳捺
l	[阴]拉　　[去]腊蜡辣落~下
ts	[阴]咂　　[阳]杂砸
tsʰ	[阴]擦
s	[阴]撒仨　　[上]洒　　[去]卅萨
tʂ	[阴]渣扎　　[阳]眨闸札铡炸~鱼　　[上]楂山~　　[去]榨乍炸油~诈栅
tʂʰ	[阴]叉差~别插杈　　[阳]茶搽查察~纠碴茬　　[去]岔差~不多
ʂ	[阴]沙纱杀　　[上]傻　　[去]厦
x	[阴]哈　　[阳]蛤

ia

l	[上]俩
tɕ	[阴]家加佳嘉痂傢　[阳]夹　[上]假贾甲假放~胛　[去]架驾嫁价稼
tɕʰ	[阴]掐　[阳]卡关~　[去]恰洽
ɕ	[阴]虾瞎　[阳]霞狭匣侠遐辖瑕峡　[去]吓厦~门下夏
Ø	[阴]鸦鸭压丫押　[阳]牙芽涯衙　[上]雅哑　[去]亚讶轧

ua

tʂ	[阴]抓　[上]爪
ʂ	[阴]刷　[上]耍
k	[阴]瓜　[上]寡剐刮　[去]挂卦褂
kʰ	[阴]夸　[上]垮　[去]跨挎胯
x	[阴]花　[阳]华滑划桦猾铧　[去]化画话
Ø	[阴]洼挖凹　[阳]娃蛙青~　[上]瓦　[去]袜

ə

p	[阴]簸(动词)~一簸播波菠玻　[阳]薄博勃帛驳饽跛钵　[去]簸(名词)~箕
pʰ	[阴]坡玻颇泼　[阳]婆　[去]破
m	[阴]摸膜　[阳]魔磨~刀摩模~范　[去]磨石~馍　[去]磨石~墨末默
t	[阳]得德　[轻]得（文）(助词)的（文）(助词)地（文）(助词)
tʰ	[上]他（白）　[去]特
l	[阴]勒　[去]乐　[轻]了
ts	[阳]则择责泽
tsʰ	[去]厕侧测册
s	[去]涩（文）色
tʂ	[阴]遮　[阳]摺蛰惊~哲折~断浙褶辙　[上]者　[去]这
tʂʰ	[阴]车　[上]扯　[去]彻撤澈
ʂ	[阴]赊摄　[阳]蛇舌折弄~　[上]舍~不得　[去]舍宿~射赦社涉设
ʐ	[上]惹　[去]热
k	[阴]歌哥鸽割胳阁搁戈葛　[阳]格隔　[上]戈　[去]个各
kʰ	[阴]苛科棵颗磕窠坷　[阳]壳咳~嗽　[上]可渴　[去]课刻客克
x	[阴]喝~水　[阳]何河荷和~气禾合盒核~果　[去]贺鹤吓恐~褐　[轻]喝吆
ɣ	[阴]阿~胶　[阳]蛾鹅俄额讹鄂　[去]恶扼~饿轭遏

iə

p	[阴]憋鳖　[阳]别~针
pʰ	[上]撇横~竖捺瞥　[阳]撇~嘴
m	[阴]灭篾

t	[阴]跌爹　[阳]叠碟蝶谍牒
tʰ	[阴]贴帖铁
l	[去]裂劣猎烈列
ɲ	[阴]捏蹑镊聂　[去]孽镍
tɕ	[阴]阶揭接结节　[阳]杰竭节截结洁　[上]姐解~释　[去]借藉介戒疥芥褯
tɕʰ	[阴]切口(动词:躺着)　[阳]茄　[上]且　[去]妾怯窃笡切
ɕ	[阴]歇蠍血　[阳]胁协挟邪斜谐鞋携　[上]些写　[去]泄屑泻懈蟹械解(姓氏)屑~碎卸
∅	[阴]噎掖叶　[阳]爷　[上]也野　[去]厣业腋夜页液

uə

p	[阴]波拨剥　[阳]脖博薄伯
pʰ	[阴]泼　[去]迫
m	[阴]摸　[去]沫墨
t	[阴]多　[阳]夺铎踱　[上]朵躲掇　[去]舵剁惰堕跺垛剁
tʰ	[阴]拖脱托　[阳]驮鸵驼　[上]妥椭　[去]唾拓
n	[阴]□(动词)~面　[阳]挪　[去]糯诺
l	[阴]捋~袖啰烙(白)　[阳]罗锣骡螺箩萝胴㨄逻　[上]裸瘰　[去]骆络洛落
ts	[阳]昨　[上]左佐撮　[去]做~作业坐座作
tsʰ	[阴]搓　[阳]锉矬　[去]措错~误
s	[阴]唆缩挲　[上]蓑梭锁琐所索
tʂ	[阴]桌捉　[阳]拙着~睡镯琢浊卓
tʂʰ	[阴]戳绰
ʂ	[阴]说　[去]朔硕烁
ʐ	[去]弱若
k	[阴]锅郭　[阳]国　[上]果裹馃聒　[去]过
kʰ	[阴]括~包扩稞(白)　[去]阔
x	[阴]豁　[阳]和~面活　[上]火伙　[去]货祸或获霍
∅	[阴]踒窝莴倭蜗　[上]我　[去]卧握沃

yə

ɲ	[去]虐疟
l	[去]略掠
tɕ	[阴]脚(白)觉知~　[阳]绝橛决诀□嚼镢　[去]倔~强
tɕʰ	[阴]缺雀　[阳]瘸　[去]却鹊确

ɕ	[阴]靴薛削雪	[阳]学	[上]血	[去]穴
∅	[阴]约药（白）乐音~	[上]□(动词：呕吐)		[去]悦阅月越岳钥（白）~匙

ɛ

p	[阳]白（文）	[上]摆百（文）	[去]拜败稗	
pʰ	[阴]拍（文）	[阳]排牌	[去]派	
m	[阳]埋	[上]买	[去]卖麦脉	
t	[阴]呆痴~	[上]逮歹	[去]戴贷待代袋带大~夫	
tʰ	[阴]胎苔舌~	[阳]台苔抬臺	[去]态太泰	
n	[上]乃奶	[去]耐奈		
l	[阳]来	[去]赖癞		
ts	[阴]灾	[上]载三年五~宰	[去]再在	
tsʰ	[阴]猜	[阳]才财裁	[上]彩采睬	[去]菜蔡
s	[阴]腮塞（文）	[去]赛		
tʂ	[阴]斋摘	[阳]宅	[上]窄(文)	[去]债寨
tʂʰ	[阴]钗差出~	[阳]豺柴		
ʂ	[阴]筛	[去]晒		
k	[阴]该	[上]改	[去]概溉盖丐钙	
kʰ	[阴]开	[上]凯慨揩楷		
x	[阳]孩还~是骸	[上]海	[去]亥骇害	
ɣ	[阴]哀	[阳]癌	[上]蔼矮（文）	[去]碍爱艾隘

iɛ

tɕ	[阴]秸街接阶	[阳]捷劫	[上]解	[去]借襟介界芥届戒
ɕ	[阳]邪斜谐鞋携	[上]□(形容词：东西坏了)		[去]卸谢械懈解(姓氏)
∅	[阴]挨（白）	[阳]崖（白）	[上]矮（白）	

uɛ

tʂ	[阴]拽(形容词：招摇) 很~	[去]拽(动词：拉) ~衣服		
tʂʰ	[上]揣~度	[去]踹		
ʂ	[阴]摔衰	[上]甩	[去]帅率~领	
k	[阴]乖	[上]拐枴	[去]怪	
kʰ	[去]会~计块快筷			
x	[阳]怀槐淮	[去]坏		
∅	[阴]歪	[上]崴	[去]外	

ei

p	[阴]杯碑臂卑（白）悲百（白）北	[阳]白（白）	[去]贝辈背倍被备焙

pʰ	[阴]胚拍（白） [阳]培陪赔 [去]沛配佩辔
m	[阴]麦（白） [阳]梅媒煤眉霉莓玫没（文）媚 [上]每美 [去]妹媚魅寐
f	[阴]非飞妃翡 [阳]肥 [上]水（白）匪 [去]废肺吠痱费
t	[阳]德（白）□(形容词：故意)~为
tʰ	[阴]忒
n	[上]馁 [去]内
l	[阴]勒~紧 [阳]雷蕾擂 [上]儡垒 [去]累类泪肋
ts	[阳]贼
s	[阴]塞~住（白）
tʂ	[上]窄（白）摘（白） [阳]择~菜（白）宅（白）
tʂʰ	[阴]拆册（白）
ʂ	[阴]涩（白） [阳]谁（白）
k	[阴]格（白） [阳]给
kʰ	[阴]刻（白）客（白）
x	[阴]黑

uei

t	[阴]堆 [去]对队兑碓
tʰ	[阴]推 [阳]颓 [上]腿 [去]退蜕褪
ts	[上]嘴 [去]罪最醉
tsʰ	[阴]催崔 [去]脆翠粹
s	[阴]虽 [阳]髓随绥遂隋 [去]碎岁穗隧
tʂ	[阴]追锥 [去]赘坠缀
tʂʰ	[阴]吹炊 [阳]垂锤槌
ʂ	[阳]谁（文） [上]水（文） [去]税睡
ʐ	[去]锐瑞睿
k	[阴]闺规龟归圭 [上]诡轨癸鬼 [去]瑰桂跪柜贵刽
kʰ	[阴]亏盔窥 [阳]魁傀奎葵逵 [去]溃愧
x	[阴]恢灰挥辉徽麾 [阳]回茴 [上]悔毁 [去]贿汇会开~晦秽惠彗讳
∅	[阴]煨危微巍威 [阳]桅为作~唯违围潍维 [上]伪委尾伟维 [去]卫为~什么位未味慰胃猬畏谓

ɔ

p	[阴]包胞同~ [阳]雹 [上]保宝饱堡褒 [去]抱暴爆鲍豹报~告 苞~小鸡鲍

pʰ	[阴]抛剖	[阳]袍刨	[上]跑	[去]泡沫~炮
m	[阴]猫	[阳]毛矛茅锚	[上]毛一~钱卯铆	[去]冒帽貌茂贸
f	[阳]佛			
t	[上]刀叨岛导蹈祷		[去]到倒~水 道盗稻	
tʰ	[阴]滔掏涛	[阳]桃逃淘陶滔	[上]讨	[去]套 [轻]萄~匐
n	[阴]孬	[阳]挠	[上]脑恼	[去]闹
l	[阳]劳牢痨捞		[上]老姥	[去]涝
ts	[阴]糟遭	[阳]凿	[上]早枣澡蚤	[去]灶皂造燥
tsʰ	[阴]操糙	[阳]曹漕	[上]草	
s	[阴]臊~腥骚		[上]扫~地嫂	[去]扫~帚臊
tʂ	[阴]召招朝~昭沼		[上]找	[去]罩赵照诏
tʂʰ	[阴]抄超	[阳]巢朝~代 潮	[上]炒吵	
ʂ	[阴]捎稍烧	[阳]勺芍韶	[上]少~多稍	[去]少~年绍邵
ʐ	[阳]饶		[上]扰	[去]绕~围
k	[阴]高糕膏篙羔		[上]稿搞	[去]告
kʰ	[上]考烤		[去]靠犒	
x	[阴]薅郝蒿	[阳]毫豪壕	[上]好~坏	[去]耗浩号好~喜
ɣ	[阳]熬~白菜		[上]袄	[去]傲奥懊~悔 拗澳鏊

iɔ

p	[阴]标彪膘镖骠		[上]表婊裱	
pʰ	[阴]飘漂~白	[阳]瓢嫖		[去]票漂~亮
m	[阳]苗描瞄		[上]秒藐渺	[去]庙妙
t	[阴]刁雕凋叼貂		[去]钓吊掉调~音	
tʰ	[阴]挑	[阳]条调~节	[去]跳粜	
ȵ	[上]鸟	[去]尿		
l	[阳]燎疗聊辽廖僚		[上]了没完~	[去]料瞭撂尥
tɕ	[阴]交胶教~书焦椒骄浇	[阳]嚼	[上]绞搅剿缴脚（文）角饺	
	[去]教~育酵窖觉~睡轿叫			
tɕʰ	[阴]敲锹悄	[阳]瞧桥乔侨荞	[上]巧	[去]俏窍窍翘跷撬
ɕ	[阴]消销嚣萧幺~二三宵霄箫硝潇		[上]小晓	[去]效校~学 笑孝
Ø	[阴]腰夭妖邀要~求吆	[阳]摇窑尧肴谣姚遥	[上]咬舀	[去]要重~耀
	药（文）			

ou

m	[阳]谋
f	[上]否

t	[阴]都~是兜	[上]斗(量词)~一抖陡	[去]豆逗痘窦斗~争	
tʰ	[阴]偷	[阳]头投	[去]透	
l	[阴]搂~取	[阳]楼耧	[上]篓	[去]漏陋
ts	[阴]邹	[上]走	[去]奏揍	
tsʰ	[去]凑			
s	[阴]搜馊	[上]叟	[去]嗽咳~	
tʂ	[阴]周粥舟州洲	[阳]轴	[上]肘帚	[去]昼皱骤咒宙纣
tʂʰ	[阴]抽	[阳]绸稠筹愁酬仇	[上]丑	[去]臭
ʂ	[阴]收	[上]手守首	[去]瘦兽受寿授	
ʐ	[阳]柔揉	[去]褥肉褥（白）		
k	[阴]勾沟钩	[上]狗苟	[去]垢够构	
kʰ	[阴]抠眍	[阳]口(形容词：厉害；很~)	[上]口	[去]叩扣寇
x	[阴]齁	[阳]猴侯喉猴	[上]吼	[去]后厚候
ɣ	[阴]欧殴	[上]藕偶配~呕	[去]沤怄	

iou

m	[去]谬			
t	[阴]丢			
ȵ	[阴]妞	[阳]牛	[上]纽扭	
l	[阴]溜	[阳]流刘留硫榴瘤琉馏	[上]柳	[去]六遛
tɕ	[阴]揪究纠鸠灸阄	[上]酒九久韭	[去]就救舅旧臼柩咎	
tɕʰ	[阴]秋丘	[阳]囚求球	[上]糗	
ɕ	[阴]修羞休	[上]朽	[去]秀绣锈袖嗅	
∅	[阴]忧优幽悠	[阳]尤邮油游由柚犹又釉祐	[上]有友	[去]右酉诱幼

ã

p	[阴]班颁搬瘢般斑扳	[上]板版	[去]扮瓣办半绊伴	
pʰ	[阴]攀潘	[阳]盘	[去]盼判叛	
m	[阳]蛮瞒馒	[上]满	[去]慢漫幔蔓	
f	[阴]帆藩翻番	[阳]凡烦繁矾	[上]反返	[去]泛范犯贩饭
t	[阴]耽担~任单丹	[上]胆	[去]担~子淡旦诞蛋但	
tʰ	[阴]贪坍滩摊	[阳]潭谈痰坛弹谭檀	[上]毯坦忐	[去]探炭叹
n	[阳]南男难~易楠	[去]难~患		
l	[阳]婪蓝篮兰拦栏榄	[上]览懒缆揽	[去]滥烂	
ts	[阴]簪~子	[上]咱攒	[去]暂赞	

tsʰ	[阴]参餐	[阳]惭残蚕	[上]惨	[去]灿
s	[阴]三	[上]伞	[去]散	
tʂ	[阴]沾瞻毡粘	[上]斩盏展崭	[去]站蘸占绽栈战	
tʂʰ	[阴]掺	[阳]馋搀缠蝉	[上]铲产	[去]颤
ʂ	[阴]杉衫山删羶珊	[上]闪陕	[去]赡疝~气扇~子善膳单(姓氏)禅擅赡	
ʐ	[阳]燃然	[上]染冉		
k	[阴]甘干~湿肝尴橄柑泔竿	[上]感敢杆擀~面赶	[去]干~活	
kʰ	[阴]刊堪勘	[上]砍坎	[去]看	
x	[阴]鼾憨酣	[阳]含寒函韩	[上]喊罕	[去]憾汉旱汗撼焊翰
ɣ	[阴]庵安鞍氨	[上]俺	[去]暗按案岸	

iã

p	[阴]编边鞭蝙	[上]贬扁匾	[去]鞭变辩便~遍辫汴	
pʰ	[阴]篇偏	[阳]便~宜	[去]骗片	
m	[阳]棉眠绵	[上]免勉娩缅	[去]面麵	
t	[阴]掂~摄颠癫	[上]点典碘	[去]店电殿垫佃惦奠	
tʰ	[阴]添天	[阳]甜田填	[上]舔	
n̠	[阴]拈蔫	[阳]粘年鲶	[上]碾捻撵辇	[去]念
l	[阳]镰簾连联怜莲廉链	[上]脸	[去]敛殓练恋炼	
tɕ	[阴]监尖兼艰间~中奸煎笺肩坚	[上]减检俭简拣剪茧柬捡	[去]鑑舰渐剑谏箭溅贱件建键健荐见鉴	
tɕʰ	[阴]签谦迁千牵铅	[阳]钳钱乾~坤前	[上]潜浅	[去]嵌欠歉
ɕ	[阴]纤锨仙鲜掀先	[阳]咸衔嫌闲贤	[上]险显	[去]陷限苋~菜线羡馅宪献现县
Ø	[阴]淹焉烟腌蔫阉	[阳]岩炎盐严颜筵言研沿筳	[上]掩眼演兖俨	[去]验厌艳焰雁谚砚燕宴谚晏咽

uã

t	[阴]端	[上]短	[去]锻断段缎	
tʰ	[阳]团			
n	[上]暖			
l	[阳]鸾峦銮挛	[上]卵	[去]乱	
ts	[阴]钻(动词)~洞簪	[去]钻(名词)电~		
tsʰ	[阴]蹿	[去]窜篡		
s	[阴]酸	[去]算蒜		
tʂ	[阴]专砖	[上]转	[去]赚撰篆传~记	
tʂʰ	[阴]穿川	[阳]传~达 椽船	[上]喘	[去]串

ʂ	[阴]闩栓　　[去]涮
ʐ	[上]软阮
k	[阴]官观鳏关　　[上]管馆　　[去]贯冠~军罐惯灌观~道
kʰ	[阴]宽　　[上]款
x	[阴]欢　　[阳]环桓还~原　　[上]缓　　[去]焕唤换幻患楦
ø	[阴]弯湾豌剜　　[阳]完丸顽玩　　[上]碗晚婉涴皖挽　　[去]腕万

yã

tɕ	[阴]捐娟鹃　　[上]卷~起　　[去]卷试绢~猪圈倦眷
tɕʰ	[阴]圈圆~　　[阳]痊全泉权拳颧蜷　　[上]犬　　[去]劝券
ɕ	[阴]宣喧轩　　[阳]旋玄悬　　[上]癣选　　[去]眩楦
ø	[阴]冤渊鸳　　[阳]圆员缘元原源援袁猿辕园　　[上]远　　[去]院愿怨

ẽ

p	[阴]奔　　[上]本　　[去]奔笨
pʰ	[阴]喷　　[阳]盆　　[去]喷~香
m	[阴]焖　　[阳]门　　[去]闷
f	[阴]分纷芬　　[阳]坟焚　　[上]粉　　[去]粪奋愤份忿
n	[上]恁　　[去]嫩
s	[阴]森
tʂ	[阴]针斟珍真贞侦　　[上]枕(动词)诊疹　　[去]镇阵振震枕~巾赈
tʂʰ	[阳]沉陈尘辰晨　　[去]趁衬称~相
ʂ	[阴]参~人深身申娠　　[阳]神　　[上]婶审沈　　[去]渗甚肾慎
ʐ	[阳]人仁　　[上]忍　　[去]壬任妊认纫韧刃
k	[阴]跟根
kʰ	[上]垦肯恳啃
x	[阳]痕　　[上]很狠　　[去]恨
ɣ	[阴]恩　　[去]摁

iẽ

p	[阴]宾彬滨槟斌缤鬓　　[去]殡
pʰ	[阴]拼~命　　[阳]贫频姘　　[上]品　　[去]聘
m	[阳]民　　[上]敏闽悯抿皿
l	[阳]林淋临邻鳞　　[上]凛　　[去]吝赁
tɕ	[阴]今金津巾斤筋　　[上]锦紧谨仅　　[去]浸襟禁尽进劲近劲
tɕʰ	[阴]侵钦亲　　[阳]琴勤芹禽擒　　[上]寝
ɕ	[阴]心辛新欣馨　　[去]信衅

∅	[阴]音阴荫因姻殷吟	[阳]银	[上]饮寅引隐瘾	[去]印饮~马

uẽ

t	[阴]敦墩蹲吨	[上]盹打~	[去]顿盾炖沌遁	
tʰ	[阴]吞	[阳]屯囤豚臀	[去]饨	
l	[阳]伦轮论~语沦抡	[去]论议嫩（白）		
ts	[阴]尊遵			
tsʰ	[阴]村	[阳]存	[去]寸	
s	[阴]孙	[上]损竹笋		
tʂ	[阴]谆	[上]准		
tʂʰ	[阴]春椿	[阳]唇纯醇	[上]蠢	
ʂ	[去]顺舜			
ʐ	[去]闰（文）润			
k	[上]滚	[去]棍		
kʰ	[阴]昆坤	[上]绲	[去]困	
x	[阴]昏婚荤	[阳]魂馄浑	[去]混	
∅	[阴]温瘟	[阳]文蚊闻纹	[上]稳吻刎	[去]问

yẽ

tɕ	[阴]均菌~菇钧君军	[上]菌细~	[去]郡俊	
tɕʰ	[阳]群裙			
ɕ	[阴]熏勋薰	[阳]寻旬巡	[去]讯训逊殉驯	
∅	[阴]晕	[阳]匀云允芸耘	[去]闰（白）熨运韵孕蕴	

aŋ

p	[阴]帮邦浜	[上]榜绑膀	[去]谤傍棒磅	
pʰ	[阳]旁庞滂彷膀螃	[上]榜~地	[去]胖	
m	[阳]忙芒盲茫	[上]蟒莽		
f	[阴]方芳	[阳]妨房防	[上]纺访坊仿	[去]放
t	[阴]当~中档	[上]党挡	[去]荡当~铺宕	
tʰ	[阴]汤	[阳]堂糖螳唐棠	[上]躺倘	[去]烫趟
n	[阳]囊	[上]攮	[去]囗（形容词：富裕）	
l	[阳]狼廊榔螂郎新~	[上]朗	[去]浪	
ts	[阴]脏赃	[去]葬脏心~藏西~		
tsʰ	[阴]仓苍舱沧	[阳]藏隐~		
s	[阴]桑丧~婚	[上]嗓	[去]丧~失	
tʂ	[阴]张章	[上]长~生掌	[去]涨帐账丈仗障	
tʂʰ	[阴]昌	[阳]长~短常肠尝	[上]场~地厂偿敞	[去]畅唱倡

ʂ	[阴]商伤殇　　[上]赏晌　　[去]上尚　　[轻]裳
zɿ	[阳]瓤　　[上]嚷壤攘穰　　[去]让
k	[阴]缸钢肛刚纲　　[上]冈港冈　　[去]杠
kʰ	[阴]康糠慷　　[阳]扛　　[去]炕抗亢
x	[阴]夯　　[阳]行~航杭
ɣ	[阴]肮　　[阳]昂盎　　[上]口（动词：烧着）

iaŋ

n̠	[阳]娘　　[去]酿~酒
l	[阳]良凉粮量（动词）~血压梁樑　　[上]两　　[去]亮靓辆量（名词）~数谅
tɕ	[阴]将~来浆疆姜江缰僵　　[上]奖讲耩~地蒋　　[去]酱匠降~下浆糨犟
tɕʰ	[阴]枪腔羌　　[阳]墙强　　[上]抢　　[去]呛
ɕ	[阴]箱香乡厢湘镶襄　　[阳]详降~投祥　　[上]想饷享响　　[去]相~貌像向项巷橡
Ø	[阴]央秧殃　　[阳]羊杨阳扬洋　　[上]仰养痒氧痒　　[去]样漾

uaŋ

tʂ	[阴]庄装　　[去]壮状撞
tʂʰ	[阴]疮　　[阳]床　　[上]窗　　[去]创撞（白）
ʂ	[阴]霜双孀　　[上]爽
k	[阴]光　　[上]广　　[去]逛桄
kʰ	[阴]筐框眶诓　　[阳]狂　　[去]旷况矿邝
x	[阴]荒慌恍　　[阳]黄皇蝗簧磺　　[上]谎　　[去]晃
Ø	[阴]汪　　[阳]王亡　　[上]网往枉　　[去]望忘柱旺妄

əŋ

p	[阴]崩绷　　[阳]甭　　[去]泵蹦迸镚
pʰ	[阴]烹　　[阳]朋棚篷蓬膨鹏彭　　[上]捧　　[去]碰
m	[阴]蒙~人萌懵　　[阳]盟蒙~混　　[上]猛　　[去]梦孟
f	[阴]风疯丰封峰蜂锋枫　　[阳]冯缝~衣服逢　　[上]讽　　[去]凤奉缝~条俸
t	[阴]登灯蹬　　[上]等　　[去]凳邓瞪澄~清水
tʰ	[阳]腾疼藤
n	[阳]能　　[去]弄
l	[阳]棱　　[上]冷　　[去]愣
ts	[阴]增　　[去]憎赠
tsʰ	[阳]层曾　　[去]蹭
s	[阴]僧
tʂ	[阴]征~战蒸争睁正~月　　[上]拯整　　[去]证症郑政正~常

tʂʰ	[阴]称~呼撑　[阳]乘承程城成澄橙丞盛~饭　[上]惩逞~能　[去]秤	
ʂ	[阴]升生牲甥声　[阳]绳　[上]省　[去]剩胜圣盛兴~	
ʐ	[阴]扔　[阳]仍	
k	[阴]更五~庚羹耕　[上]哽耿埂梗　[去]更~加	
kʰ	[阴]坑	
x	[阳]衡横~直恒　[去]横~蛮	

iŋ

p	[阴]兵冰　[上]禀饼丙柄秉　[去]病並并
pʰ	[阳]平评瓶苹萍坪凭屏
m	[阳]明名铭鸣　[去]命
t	[阴]丁钉叮疔盯钉(名词)~子　[上]顶鼎丁甲乙丙~　[去]订定钉(动词)~钉子
tʰ	[阴]听厅汀　[阳]停庭蜓廷亭　[上]挺艇铤
ȵ	[阳]宁安~凝
l	[阳]凌灵铃零伶陵菱翎龄　[上]岭领　[去]令另
tɕ	[阴]京惊精鲸晶荆经　[上]景井警　[去]茎境敬镜竞净颈径静
tɕʰ	[阴]卿清轻青蜻倾　[阳]晴　[上]请顷　[去]庆亲~家
ɕ	[阴]兴~旺星腥　[阳]行~为刑形型　[上]醒　[去]兴高~杏幸姓
∅	[阴]应~当鹰莺樱英婴缨鹦樱　[阳]蝇迎赢营萤茔盈颖　[上]影　[去]应答~硬映

oŋ

t	[阴]东冬　[上]董懂　[去]冻栋动洞
tʰ	[阴]通　[阳]同铜桐童瞳　[上]桶捅统筒　[去]痛
n	[阳]农浓脓　[去]弄（文）
l	[阳]笼~子聋隆龙拢陇垄　[上]拢垅笼~罩
ts	[阴]鬃宗踪综　[上]总　[去]粽纵~横纵放~
tsʰ	[阴]聪葱匆囱　[阳]丛从
s	[阴]嵩松~树　[阳]竦　[去]送宋颂
tʂ	[阴]中当~忠终钟盅　[上]种~类 肿冢　[去]中~射仲众重~量 种~树
tʂʰ	[阴]充春　[阳]虫崇重~复　[上]宠　[去]冲
ʐ	[阳]荣绒融容冗
k	[阴]公工功攻弓宫恭　[上]巩拱汞　[去]贡供给~供养~共
kʰ	[阴]空~虚　[上]孔恐　[去]控空~缺
x	[阴]轰烘~干　[阳]弘宏红洪虹　[上]哄~骗
∅	[阴]翁

ioŋ

tɕ　　[阴]迥炯
tɕʰ　　[阳]琼穹穷
ɕ　　[阴]兄胸凶　　[阳]熊雄
ø　　[阴]雍拥庸　　[上]永泳涌勇蛹咏　　[去]用

参考文献

陈荣泽：《汉语方言中 pf 类声母研究综述》，《西藏民族学院学报》（哲学社会科学版）2007 年第 4 期。

曹延杰：《德州方言志》，语文出版社 1991 年版。

曹志耘、王瑛、刘娟：《费县方言纪略》，《临沂师专学报》1989 年第 4 期。

曹志耘：《汉语方言的地理分布类型》，《语言教学与研究》2011 年第 5 期。

丁邦新：《汉语方言中的历史层次》，《中国语文》2012 年第 5 期。

杜兆金：《郑曹片枣庄方言与普通话接触的语音变异规律研究》，《农业考古》2010 年第 6 期。

高小焱、季宗燕：《临沂方言亲属称谓的城乡对比研究——以苍山方言为例》，《临沂师范学院学报》2010 年第 2 期。

何茜：《古知庄章三组声母在枣庄方言中的演变》，《枣庄学院学报》2011 年第 4 期。

康盛楠、赵井春：《方言中"兀的"特殊用法例释》，《遵义师范学院学报》2009 年第 3 期。

李芳元：《从〈广韵〉精组声母的分化看枣庄方言同普通话的区别》，《枣庄师专学报》1989 年第 3 期。

吕俭平：《枣庄方言语法研究》，山东人民出版社 2011 年版。

李巧兰：《河北方言中的"X-儿"形式研究》，博士学位论文，山东大学，2007 年。

李荣：《方言研究中的若干问题》，《方言》1983 年第 2 期。

李如龙：《论汉语方言比较研究（下）——世纪之交谈汉语方言学》，《语文研究》2000 年第 3 期。

李树俨：《汉语方言的轻声》，《语文研究》2005 年第 3 期。

李思敬：《汉语"儿"[ɚ]音史研究》，商务印书馆 1986 年版。

李行杰：《青岛市志·方言志》，新华出版社 1997 年版。

刘文双：《沂南方言中"tɕ、ts、tʂ、tʃ、tθ"五组声母的中古来源及分布》，《贵州大学学报》（社会科学版）2001 年第 5 期。

李　旭：《河北省中部南部方言语音研究》，博士学位论文，山东大学，2008 年。

马　静：《临沂方言的轻声》，《临沂师范学院学报》2003 年第 4 期。

马　静：《临沂方言影响下的方言语调的语音状态》，《临沂师范学院学报》2009 年第 1 期。

马静、吴永焕：《临沂方言志》，齐鲁书社 2003 年版。

明茂修：《山东费县（刘庄）方言音系》，《毕节学院学报》2011 年第 5 期。

明茂修：《山东临沂（兰山）方言中的后缀[lə]》，《枣庄学院学报》2006 年第 6 期。

明茂修：《山东临沂方言中的特殊程度副词》，《毕节学院学报》2007 年第 6 期。

明茂修、王定康：《山东临沂方言的比较句》，《宿州教育学院学报》2006 年第 3 期。

孟子敏、增野仁、张树铮、刘勋宁：《兰陵方言志》，齐鲁书社 2011 年版。

〔日〕平山久雄：《从声调调值演变史的观点论山东方言的轻声前变调》，《方言》1998 年第 1 期。

〔日〕平山久雄：《平山久雄语言学论文集》，商务印书馆 2005 年版。

彭小川：《试论汉语方言分区的典型性问题》，《暨南学报》（哲学社会科学版）1987 年第 2 期。

裴银汉：《也谈明代的上声连读变调现象》，《中国语文》2000 年第 2 期。

亓海峰、曾晓渝：《莱芜方言儿化初探》，《语言科学》2008 年第 4 期。

钱曾怡：《从现代山东方言的共时语音现象看其历时演变的轨迹》，《汉语学报》2012 年第 2 期。

钱曾怡：《方言研究中的几种辩证关系》，《文史哲》2004 年第 5 期。

钱曾怡：《论儿化》，《中国语言学报》1995 年第 5 期。

钱曾怡主编：《汉语官话方言研究》，齐鲁书社 2010 年版。

钱曾怡主编：《山东方言研究》，齐鲁书社 2001 年版。

史大丰：《〈金瓶梅词话〉中的枣庄方言词例释》，《枣庄学院学报》2009 年第 4 期。

石　峰：《语音格局——语音学与音系学的交汇点》，商务印书馆 2008

年版。

宋益丹：《汉语声调实验研究回望》，《语文研究》2006年第1期。

邵燕梅：《关于郯城、平邑方言区属性质的补充讨论》，《语言研究》2010年第1期。

田　静：《费县方言语音研究》，硕士学位论文，山东师范大学，2010年。

王福堂：《汉语方言语音的演变和层次》，商务印书馆2005年版。

王洪君：《汉语非线性音系学》，北京大学出版社1999年版。

王洪君：《兼顾演变、推平和层次的汉语方言历史关系模型》，《方言》2009年第3期。

王　力：《汉语语音史》，商务印书馆2008年版。

王希文：《元明清白话著作中的枣庄方言词汇》，《方言》1991年第4期。

王晓军、田家成、马春时：《苍山方言志》，齐鲁书社2012年版。

吴永焕：《山东方言儿变韵的衰变》，《语言科学》2009年第5期。

吴宗济、林茂灿主编：《实验语音学概要》，高等教育出版社1989年版。

殷焕先主编：《山东省志·方言志》，山东人民出版社1995年版。

袁家骅：《汉语方言概要》，语文出版社2001年版。

叶　涛：《移民·山东人·山东民俗》，《东岳论丛》1997年第6期。

喻卫平：《明代的上声连读变调现象》，《中国语文》1997年第5期。

杨晓红：《枣庄方言研究》，山东人民出版社2011年版。

郁章玲：《简述莒南方言的归属问题》，《文艺理论》2010年第6期。

詹伯慧：《方言分区问题再认识》，《方言》2002年第4期。

中国社会科学院语言研究所、澳大利亚人文科学院编：《中国语言地图集》，朗文出版（远东）有限公司1988年版。

中国社会科学院语言研究所等编：《中国语言地图集（第二版）》，商务印书馆2012年版。

周惠珍：《枣庄方言儿化词的特点》，《枣庄师专学报》2000年第4期。

朱军玲、张树铮：《一个面临淹没的方言岛——山东临沂市东风移民村四十年来的语音演变》，《语言研究》2013年第7期。

张　凯：《枣庄方言儿化读音探究》，《枣庄学院学报》2012年第1期。

张　凯：《枣庄方言志》，山东人民出版社2011年版。

张　凯：《枣庄方言中农村常用词语本字考释》，《农业考古》2009年第6期。

张全真：《临沂方言音系》，《山东大学学报》（哲学社会科学版）1998年第3期。

张世方：《中原官话知系字读唇齿音声母的形成与分布》，《语言科学》

2004 年第 4 期。

张树铮：《方言历史探索》，内蒙古人民出版社 1999 年版。

张树铮：《清代山东方言中古入声的演变》，《语言研究》2003 年第 1 期。

张树铮：《山东方言"日"母字研究》，《语言研究》1994 年增刊。

张树铮：《山东方言古调值构拟的方法和意义》，第七届官话方言国际学术研讨会论文，2013 年。

张树铮：《山东方言语音特征的扩散方向和历史层次》，《山东大学学报》（哲学社会科学版）2007 年第 5 期。

张树铮：《试论普通话对方言语音的影响》，《语言文字应用》1995 年第 4 期。

张树铮：《寿光方言古调值内部构拟的尝试》，原载《语言学通讯》1988 年第 11 期。

张树铮：《寿光方言志》，语文出版社 1995 年版。

张树铮：《语音演变的类型及其规律》，《文史哲》2005 年第 6 期。

朱晓农：《语音学》，商务印书馆 2010 年版。

周祖谟：《问学集》，中华书局 1966 年版。

致 谢

　　时间，锱铢必较，稍有一分辜负，它必分秒不差的归还，于是，时间于我们，弥足珍贵。这四年珍贵的学习时光，其中的滋味总似未及细细品尝就匆匆度过了，此间的收获开启了我今后的人生之路，让我受益一生，而这份经历我必将永远珍藏。

　　首先要特别感谢我的恩师张树铮先生。先生潜心治学，其学问之渊博，作为学生的我常常暗悔未及在有限时间内再多学一点，多领悟一些。先生上课，总是从很小的一个点侃侃谈起，继而发散扩展开来，旁征博引最后总又圆满地回到问题的核心，这种引导开拓了我们看问题和分析问题的视野和角度。除了自身治学严谨，先生对学生的要求和期望也以严格认真著称。我的作业和论文，大到选题构思，小到标点符号，先生必是一一修改批注，而我的毕业论文，更是倾注了先生大量的心血，耗费数月之久反复修改补充，一些图片资料更是由先生搜寻提供以完善论文的细节，于此，学生的感激之情难以用语言全部表达，一句谢谢里面包含着太多的感动、感激和感恩。先生为人慷慨，求真务实，这种治学和做人的态度时时感染着我，指导我今后该如何做人、做事。此外还要感谢百忙之中抽出时间审阅学生论文的唐子恒老师、杨端志老师和王新华老师，他们对我的毕业论文提出了宝贵的修改意见，学生在此只能说声谢谢！

　　其次要感谢我的家人。在方言田野调查期间，我的亲戚家人轮番抽出时间带着我到县内十八个乡镇一个点一个点的做录音采样调查，从帮助联系各方言点合适的发音人到耗费大量时间的等待，要不是他们，我的调查不会这么顺利，我的毕业论文更是无从谈起。谢谢！

　　还要感谢我的老乡们。在方言调查期间，有些人专门放下手头的工作或地里的活来帮助我调查取样。他们的淳朴、他们的热情和耐心始终让我的内心无比温暖和感动，谢谢你们！

感谢我的父母这些年来对我的关心和爱护，因为有了他们的支持我才成为现在的我，谢谢亲爱的爸爸妈妈。

敲下论文最后一个句号时，我明白我的求学之路于此将告一段落，而我的人生之路也即将开启新的篇章，感恩之心常在，因为有了所有这些关心爱护和帮助我的你们，未来的人生之路我会自信满满地勇敢前行。

张伟静

2014 年 9 月